蓮池大師開示語錄

二十年前事可疑。三千里外遇何奇。
焚香擲戟渾如夢。魔佛空爭是與非。

僧懺法師——輯錄

蓮池大師傳略

師諱袾宏，字佛慧，別號蓮池，志所歸也。俗姓沈氏，古杭仁和人。世爲名族。父德鑑，號明齋先生。母周氏。師生而穎異，世味澹如。

年十七，補邑庠，試屢冠諸生，以學行重一時，於科第猶掇之也。顧志在出世，每書生死事大四字於案頭。從遊講藝，必折歸佛理，業已棲心淨土矣。家戒殺生，祭必素。居常太息曰：「人命過隙耳！浮生幾何？吾三十不售，定超然長往，何終身事齷齪哉？」

前婦張氏，生一子殤，婦亡，即不欲娶，母强之，議婚湯氏，湯貧女齋蔬，有富者欲得師爲佳壻，陰間之，師竟納湯，然意不欲成夫婦禮。

年二十七，父喪。三十一，母喪。因涕泣曰：「親恩罔極，正吾報答時也。」至是，長往之志決矣。

嘉靖乙丑除日，師命湯點茶捧至案，盞裂，師笑曰：「因緣無不散之理。」明年丙寅，訣湯曰：「恩愛不常，生死莫代，吾往矣，汝自爲計！」湯亦灑然曰：「君先往，吾徐行耳。」師乃作一筆勾詞，竟投性天理和尚祝髮，乞昭慶寺無塵玉律師就壇受具。居頃，卽單瓢隻杖遊諸方，遍參知識。

北遊五臺，感文殊放光，至伏牛隨衆煉魔。入京師，參徧融笑巖二大老，皆有開發。過東昌，忽有悟，作偈曰：「二十年前事可疑，三千里外遇何奇？焚香擲戟渾如夢，魔佛空爭是與非。」

師以母服未闋，乃懷木主以遊，每食必供，居必奉，其哀慕如此！至金陵瓦官寺，病幾絕，時卽欲就茶毘，師微曰：「吾一息尚存耳！」乃止。病間歸，越中多禪期，師與會者五，終不知隣單姓字。

隆慶辛未，師乞食梵村，見雲棲山水幽寂，遂有終焉之志。山故伏虎禪師剎也。楊國柱陳如玉等，爲結茅三楹以棲之。師弔影寒巖，曾絕糧七日，倚壁危坐而已。

村多虎，環山四十里，歲傷不下數十人，居民最苦之，師發悲愍，爲諷經施食，虎患遂甯。歲亢旱，村民乞師禱雨，師笑曰：「吾但知念佛，無他術也。」衆堅請，師不得已出，乃擊木魚循田念佛，時雨隨注，如足所及。民異之，相與纍纍然挈材木，荷鋤钁，競發其地，得柱礎而指之曰：「此雲棲寺故物也，師福吾村，吾願鼎新之以永吾福。」不日成蘭若，外無崇門，中無大殿，惟禪堂安僧，法堂奉經像，餘取蔽風雨耳。

自此法道大振，海內衲子歸心；遂成叢林。師悲末法教網滅裂，禪道不明，衆生業深垢重，以醍醐而貯穢器，吾所懼也！且佛設三學以化羣生，戒爲基本，基不立，定慧何依？思行利導，必固本根，第國制南北戒壇久禁不行，予即願振頹綱，亦何敢違憲令？因令衆半月半月誦梵網戒經，及比丘諸戒品，由是遠近皆歸。師以精嚴律制爲第一行，著沙彌要略，具戒便蒙，梵網經疏發隱，以發明之。

初師發足參方，從參究念佛得力，至是遂開淨土一門；普攝三根，極力主張，乃著彌陀疏鈔十萬餘言，融會事理，指歸唯心。

又憶昔見高峯語錄，謂『自來參究此事，最極精銳，無逾此師之純鋼鑄就者』，向懷之行脚。惟時師意併匡山永明而一之，更錄古德機緣中喫緊語，編之曰禪關策進，併刻之，以示參究之訣。蓋顯禪淨雙修，不出一心，是知師之化權微矣。

萬歷戊子，歲大疫，日斃千八，太守余公良樞請公詣靈芝寺禳之，疫遂止。

梵村舊有朱橋，潮汐衝塌，行者病涉，余公請師倡造，師云：『欲我爲者，無論貧富貴賤，人施銀八分而止，獨用八者，意取坤土以制水也。』或言工大施微，恐難竣事。師云：『心力多，則功自不朽，不日累千金，鳩工築基，每下一樁，持咒百遍，潮汐不至者數日，橋竟成，昔錢王以萬弩射潮，師以一心力當之，何術哉？

師道價日增，十方衲子如歸，師一以慈接之。弟子日集，居日隘，師意不莊嚴屋宇，取安適，支閣而已。其設淸規，翕肅；衆有通堂；若精進，若老病，若十方，各別有堂；百執事各有寮，一一具鎖鑰，啓閉以時。各有警策語，依期宣說。夜有巡警，擊板念佛，聲傳山谷，即倦者眠不安寢不夢。布薩羯磨，舉功過行賞罰，凜若冰霜。即佛住祇桓，尚有六羣擾衆，此中無一敢諱而故犯者，不盡局百丈規繩，而適時之弊，古今叢林未有如今日者！具如僧規約及諸警語，赫如也！

極意戒殺生，崇放生，著文久行於世，海內多奉尊之。會講圓覺經於淨慈，聽者日數萬指，如屏四匝。因贖寺前萬工池爲放生池；師八十誕辰，又增拓之。今城中上方長壽兩池，歲費計百餘金。山中設放生所，救贖飛走諸生物，充牣於中，衆僧減口以養之，歲約費粟二百石。亦有警策守者，依期往宣白，即羽族善鳴噪者，聞木魚聲，悉寂然而聽，宣罷乃鼓翅喧鳴，非佛性哉？意佛說孝名爲戒，儒呵有養無敬，師於物養而敬，且有禮者也，非達孝哉？

師道風日播，海內賢豪，無論朝野，罔不歸心感化。若大司馬宋公應昌，大宰陸公光祖，宮諭張公元忭。司成馮公夢禎，陶公望齡，文第及門問道者，以百計；皆扣關擊節，徵究大事，靡不心折，盡入陶鑄。監司守相，下車伏謁。及賢豪候參者，無加禮，不設饌，皆甘糲飯，臥敗薦，任蟣緣蚊蝱，無改容，皆忘形屈勢，至則空其所有，非精誠感物，何能至是哉？

侍郎王公宗沐問：「夜來老鼠唧唧，說盡一部華嚴經。」師云：「貓兒突出時如何？」王無語，師自代云：「走却法師留下講案。」又書頌曰：「老鼠唧唧，華嚴歷歷，奇哉王侍郎却被畜生惑！貓兒突出畫堂前，床頭說法無消息。無消息，大方廣佛華嚴經，世主妙嚴品第一。」

侍御左公宗郢問：「念佛得悟否？」師曰：「返聞聞自性，性成無上道，又何疑返念念自性耶？」

仁和令樊公良樞問：「心雜亂如何得靜？」師曰：置之一處，無事不辦。」坐中一士曰：「專格一物，是置之一處，辦得何事？」師曰：「論格物，只當依朱子豁然貫通去，何事不辦得？」

或問師：「何不貴前知？」師云：「譬如兩人觀琵琶記，一人不曾經見，一人曾見，而預道之，畢竟同觀，終場能增減一齣否？」

今上慈聖皇太后，崇重三寶，偶見師放生文，甚嘉歎，遣內侍齎紫袈裟齋資往供，問法要；

師拜受，以偈答之。

師極意悲幽冥苦趣，自習焰口，時親設放，嘗有見師座上現如來相者，蓋觀力然也。

師天性朴實簡淡，無緣飾，虛懷應物。貌溫粹，弱不勝衣，而聲若洪鐘。胸無崖岸，而守若嚴城，禦若堅兵，善藏其用。文理密察，經濟洪纖，不遺針芥；即畫叢林日用，量施利，酌享薄，覈因果，明罪福，養老病，公衆僧，不滲滴水。自有叢林以來，五十年中，未嘗妄用一錢。居常數千指，不設化主，聽其自至。稍有盈餘，輒散施諸山，庫無儲蓄，凡設齋外，別持金銀作供者，隨手散去，施衣藥，救貧病，略無虛日。偶檢私記，近七載中，實用五千餘金，不屬常住，則前此歲歲可知已。

師生平惜福，嘗著三十二條自警；垂老自浣濯，出溺器，亦不勞侍者。終身衣布素，一麻布幃，乃丁母艱時物，今尚存。他可知已。

總師之操履，以平等大悲，攝化一切；非佛言不言，非佛行不行，非佛事不作。佛囑末世護持正法者，依四安樂行，師實以之。歷觀從上諸祖，單提正令，未必盡修萬行；若夫即萬行以彰一心，卽塵勞而見佛性者，古今除永明，惟師一人而已！先儒稱寂音爲僧中班馬，予則謂師爲法門之周孔，以荷法卽任道也！惟師之才，足以經世；悟足以傳心；敎足以契機；戒足以護法；操足以勵世；規足以救弊。至若慈能與樂，悲能拔苦，廣運六度，何莫而非妙行耶？出世始終，無一可議者，可謂法門得佛之全體大用者也！非夫應身大士，朗末法之重昏者，何能至此哉？

臨終時，預於半月前入城別諸弟子及故舊。但曰：「吾將他往矣。」還山，連下堂具茶湯設供，與衆話別，云：「此處吾不住，將他往矣。」中元設盂蘭盆，各薦先宗，師曰：「今歲我不與會矣。」有簿記，師密題曰：「雲棲寺直院僧代爲堂上蓮池和尚，追薦沈氏宗親」云。過後始知其懸記也。

七月朔晚，入堂坐，囑大衆曰：「我言衆不聽。我如風中燭，燈盡油乾矣！只待一撞一跌，纔信我也！明日要遠行。」衆留之，師作三可惜十可嘆以警衆。淞江居士徐琳等五人在寺，令侍者送遺囑五本。次夜入丈室，示微疾，瞑目無語。城中諸弟子至，圍繞，師復開目云：「大衆老實念佛，毋揑怪，毋壞我規矩！」衆問：『誰可主叢林？』師曰：『戒行雙全者。』又問：『目前？』師曰：『姑依戒次。』言訖，面西念佛，端然而逝，萬歷四十三年七月初四日午時也。

師生於嘉靖乙未，世壽八十有一，僧臘五十。師自卜寺左嶺下，遂全身塔於此。其先耦湯氏，後師祝髮，建孝義庵，爲女叢林主，先一載而化，亦塔於寺外之右山。

師得度弟子廣孝等，爲最初上首。其及門授戒得度者，不下數千計；在家無與焉。縉紳士君子，及門者亦以千計，私淑者無與焉。

其所著述，除經疏，餘雜錄如竹窗三筆等二十餘種，行於世，率皆警發語。師素誡弟子：貴眞修，勿顯異，故多靈異不具載。

嗚呼！我聞世尊深念末法衆生難度，恐斷慧命，靈山會上，求護正法者，即親蒙授記，亦不敢入，惟地湧之衆力任之，且曰：『我等末世持經，當具大忍力大精進力，即有現身此中，亦不自言其本，泄佛密因；但臨終陰有以示之耳。』觀師之行事，潛神密用，安忍精進之力，豈非地湧之一乎抑自淨土而來乎？不然，從凡夫地，求自利尚不足，安能廣行利他，護持正法，始終無缺者乎？

予有感而來，略拾師之行事，以昭來世。其他具諸別傳。

右錄憨山大師作雲棲蓮池宏大師塔銘。

民國甲戌大師示寂紀念日，後學僧儀蘊輯。時在武院關房。

▲附記：此文從夢遊集錄出，與雲棲法彙中所載者稍有刪減。銘詞亦未

高僧選集 蓮池大師集

目錄

高僧選集

蓮池大師集

明蓮池大師著　　後學僧懺選輯

答淨土四十八問 幷序

淨土之敎，因地於法藏，肇端於韋提，開陳於靈鷲敎主之金言，流衍於匡廬大士之蓮社；專一心而向往，歷三界以橫超，誠哉末法之要津矣！然上根卽事契理，固諦信不囘；下士有聞斯從，亦無因起惑。惟不上不下，位居中流；乃欲從欲違，志無定向。繇是十疑通於智者，或問啓於則公；天鼓諄諄，婆心懇懇，豈曰多言，言所不容已也！而復晷沈膏繼，病劇藥增，後是二書，能無再述？有德園居士者，乘宿願力，起大悲心，代爲百千衆生，曲申六八難問；山僧不免據款結案，隨繩解紛，使彼越煩惱之河者，直決其狐疑，出死生之穴者頓離於鼠怯，叨陪往哲，共翊先宗云爾。若夫悟心外之無土，則一眞湛而萬法泯，誰是西方？了土外之無心，則七寶飾而九蓮開，何妨本寂？是則居士於廓爾無疑之鄉，而幻出問端，似風來水面；山僧於默然無間之地，而夢酬答語，若谷和泉聲。雖雲與瓶瀉，未敢傳古聖之宏規，而燭照冥消，聊以抉時人之翳目。其或闡提根心，倔强猶昔，斷斷乎薄淨土而不修，守偏空而自足，亦末如之何也已矣！悲夫！

萬曆十二年冬日。杭沙門袾宏識。

問：世人聞念佛念心，心淨土淨之語，因膠執內心，拂拭令淨，偏空自喜，撥無西方。及語心土一如，則曰我心匪石，懷土奚爲？蚓實含泥，黃壤豈侔金界！鼇誠戴岳，持地何若摶空？蓋亦喻似丹臺，象比蓮萼。四十脈絡以當寶網交羅；一靈內朗，以況彌陀安住。近肺約西，通舌爲池，法譬而已。無論實境，則有引風水之凶吉，致子孫之興衰；例依正之互融，示機感之靡忒。此猶未委正因，未窮十妙；更求明誨，傾此惡見！

答：心淨土淨，語則誠然。但語有二義：一者約理，謂心卽是土，淨心之外，無淨土也。二者約事，謂心爲土因，其心淨者，其土淨也。若執理而廢事，世謂淸閒卽是仙，果淸閒之外，無眞仙乎？至如攬身分而言淨土，此則邪見尤甚，苦報彌深！蓋吾佛唯明一心，而謬人恆執四大，是故認肉絡爲寶羅，指妄想爲眞佛，肺屬西而便名金地，舌生津而遂號華池，鄙僞千途，莫可枚舉！豈知革囊不淨，幻質非眞，徒費辛勤，終成敗壞！而復迷醉無知，竊附於心淨土淨之說，不但愚夫愚婦惑之，士大夫亦有受其害者，良可歎也！

問：商入海，士趨朝，不待勸而騖者，以冠蓋之溢目，貨貝之動心也。釋迦現土，令人自擇；善財登閣，諸佛交光，其爲觀念，無俟勸矣。使善知識緩頰鹵足而導人信，不若善導之光從口出，眞善導耳。嘗聞此方念佛淨土華鮮，念佛心弛，淨土華萎；彼佛廣開方便，胡不移此華榮悴於此人之前乎？假令處世則開目閉目，與蓮相參，期盡則乘此華輪，彈指生彼，有何不可？而不然者，豈權巧之所不及耶？

答：千名圖利，乃現世之功能，人斯共見；念佛往生，實隔世之因果，人所難知。雖然，蓮華實榮悴於目前，而迷者不覺耳！淨心爲善，則神淸氣爽，而內志開舒；穢心爲惡，則氣暴神麤，而衷懷沮喪。華榮華悴，不昭然乎？況夫目覩聖像，遠祖之誠言；池降銀臺，珍公之故事。以至身泛紅蓮，如高浩象，且代有其人矣，孰曰現世無徵哉？

問：道家所稱默朝者，與觀佛類，彼之天帝，卽是菩薩，往就菩薩，或不退轉。孔子儒童菩薩也，嘗思文王，至見其形黝然，正與觀佛類矣。文王在帝左右，孔子應與同居？今用思文王之法而思孔子，思孔子卽思菩薩，往就孔子，卽往就菩薩，亦當得不退轉。則此二氏者，奚必挽之西耶？

答：天帝雖云菩薩，見身是欲界君王。孔子縱號儒童，應迹乃人間君子。譬之宰衡，暫時外補，選舉者他歸；人主忽爾徵行，朝覲者不赴。故知四生慈父，三界大師，天中之天，聖中之聖，唯佛一人，無與等者！豈可默朝欲界，企想人間，便得擬萬億佛土外之西方，恆沙賢聖中之化主？二教不宗於佛，將誰宗耶？

問：或謂佛逼衆生，抛離骨肉，棄捨形骸，近別家鄉，遠投外國，魂爽幽幽，入此夢境，夢中獲寶，色色非眞，聞之慘然，有何極樂？又云：在生亦是夢境，旣全是夢，益復可悲！將謂菩薩先醒，卻行如夢六波羅密，則實報莊嚴，更成恍忽矣。我其歸常寂光乎？寂光無色莽渺安依？不如寓世夢間，一任獻吉惱惡。

答：虛浮界內，是夢非眞；常寂光中，是眞非夢。世人以夢爲眞，以眞爲夢，顚倒如斯，良可悲矣！豈知骨肉之卽讎寃，形骸之爲桎梏，得生淨土，是則脫沈痾而再獲天年，釋狴犴而榮歸故里，名之極樂，詎不然乎！若夫菩薩行門，雖云如夢，譬之大喜將臨，夜現吉祥之境，豈比重昏失曉，魂招凶惡之徵？蓋菩薩在夢而將甦，凡夫緜夢而入夢。至於寂光，則朗然大寐之得醒矣！

問：淨刹去此方十萬億佛土，是有數量者矣，但最爲遙遠，非舟車人力之所及耳。竊意鸚鵡鸜鴿，既知念佛，縱令迅飛，似亦可至，設使壽命短促，中道而殪，飛仙固不能至乎？飛仙或不能至，但修神足通，何患不至乎？然則欲往西方者，以目犍連爲本師可也。

答：目連遙聞說法，循聲至一佛邦，已越娑婆無邊無量，欲囘本土而不能得。蓋至彼者，繇彼佛之神力，非聲聞之神通也。今此極樂世界，姑陳其遠，聊存十萬億刹之名，究極其歸，實超情量數目之外。衆生生此，一則佛攝受力不可思議；二則己發願力不可思議也，而神通何與焉？

問：離妄身而求法身，更無法身，則今此妄身卽法身也。彼佛便攝此身，致之淨土，不亦可乎？若淨土應現丈六等軀，不取革囊舊質，當似星隕爲石，鳩化爲鷹，至此而變，不亦可乎？嗟夫！浮黎始青之境，且許白日飛昇，樂邦清泰之域，顧使幽魂暗度，世之迷流，舍九品而取七趣者，無足怪矣！

答：據佛神力，舉大千世界而歸淨土，輕若鴻毛，況復色身，攝之彌易。顧神仙家所以不能解脫者，以其戀著於形神也。色身等乎泡露，不應將此往；生法性徧在虛空，何須至彼而變？蓋是密移凡質，超聖境以同歸；豈比暗度幽魂，作鬼家之活計。但求生彼，莫論身心。

問：世之求往生者，非卽欲往生者也。就使正禮念時，佛現其前，引之西往，必辭以化緣未周，婚嫁未畢，幸少須臾無死耳。復有一人，異於前人，力修三昧，無間六時，慮後倦勤，失此機會，便乃投身自斃，縱火自焚，既匪捨報安詳，如入禪定，佛憐其愚，亦肯手相接否？

答：智人之修淨土也，在生則自淨其心，報滿則任緣而往。不欲生而戀著世緣者，慢也；急欲生而自戕軀命者，愚也。如是之流，輕則攝入魔羣，重則沈於惡趣，日光普照，不及覆盆，佛雖大慈，莫之能救！

問：設有一人，前生念佛勤篤，機感未應，今生雖作散善，意常在佛，而爲事所紲，不能依法修持，一期報盡，又無所感，此人於中陰身，種子忽萌，十念完就，得見佛往生否？

答：前生以勤篤而植因，今世緣怠緩而失果，若使臨終克念，生或可期；待乎中陰發心，勢已無及。願諸仁者，早爲之圖！

問：有人於此，若一日以至七日，或匝月經年，翹勤勇猛，一心不亂矣；

後爲他師所奪，令入宗教二門雖兩俱無成，猶不離佛門也。臨終時，佛肯憐而收之否歟？又有始勤中怠，終而改悔如初；始勤中惡，終而改悔如初此人當入下品，當入疑城耶？

答：卽念卽佛，則念佛何非宗？析空而念藏也，體空而念通也，次第而念別也，一心而念圓也，則念佛何非敎？一舉雙得，誰謂無成？前通後融，不名爲奪。如是往生，固無疑矣！祇恐自生分別，心挂二途，愆繇己生，非佛法咎。至若過能改悔，位實難量。釋迦翹勤七日，而正覺先成；廣額放下屠刀，而菩提立證。下品疑城，未足限之矣。

問：王臣往生，是不舍國事者也；居士往生，是不舍家事者也。夫居士一心念佛，或無他礙，若王臣之勞於王事，當不若家事之可推諉者。楊無爲諸君亦何嘗被縲官之刺，而竟致化佛之迎，豈軍旅政刑一切不妨往生乎？抑彼念念與實相不背乎？

答：達心之士，萬機萬變，而國政非繁，執境之流，一夫一婦，而家緣尙累。譬之明鏡照物，終日照而無勞；空谷傳聲，多衆傳而不困。如是，則大君不異世尊，百辟何非海衆！都俞吁咈，而妙法交宣；慶賞刑威，而眞慈平等，王事佛事，打成一片矣，何淨土之難生耶？

問：下品下生者，夙緣不淺，得遇明師，助成十念，遂證此品。既具夙緣，應不爲惡，總然爲惡，一念相應，萬罪消滅。如久暗得明，頓然光耀，暗無所去，明無所來，遇此境界，旋上品上生，猶涉階級，而顧居下下，豈罪不可滅，功過相準耶？彼疑城之人，止是稍疑，未嘗造惡，抑不登品，誠爲負屈？卽如古今生疑城者，當是何人？有指名否？

答：凡人在世，固有惡心雖熾，聞淨土而不疑，亦有福業雖修，忽念佛而不信。是以雖爲惡而生淨土者此也。然而罪障乍消，淨因未廣，生則必生，但應卑位耳。故知內蓄疑情，前功枉棄；心存篤信，帶業還生。則疑信之間，利害非細矣。雖然生疑城者，當是淨業勤修，止以心無決定。今世人疑則不勤，勤則不疑，且疑且勤，萬中一二，安所指其人乎？

問：放鳥雀魚鼈等，爲之誦呪念佛願彼往生，此物爲當承力卽生，爲當舍此業報，生在人中？更師放生者，依法勤念，乃得生耶？

答：呪願禽畜者，若業輕緣熟，承法力而亦得往生；業重緣疏，止滅罪而改形善趣。然禽畜未必生，而放生呪願之人，福不唐捐矣！來生度化，終酬宿因，目連度蜂，足爲明鏡！

問：以淨穢二土，較勝劣而誘人者，誘凡夫之人也。凡夫所極樂者，女人；所極不樂者，無女人，與眷屬之睽離也。今使棄眷屬而入無女人之國，且堅拒不入矣；佛何無方便如此？或曰：生彼國而六通，天眼徹於閨閫，詎有離憂耶？既身居淨土，而目中常見女人，奚異彼國之有女人，那得實無女人乎？又雅士性耽質素，不寶金玉，故抵璧投珠，揮金焚錦者，往往有之，無惑其聞珍域之名而勿願耳？

答：淨土雖誘凡夫，然當其始誘之時，已詳陳女色之害矣！華箭革囊，種種譬喻，正言女人之爲穢，無女人之爲淨也。女人之爲不樂，無女人之爲極樂也，焉得反生堅拒，不願西歸乎？且六通遠徹，皆繇心地開明，則九族森陳，何啻空華閃爍？目見女人奚足爲礙？至如無求廉士，不羨寶邦，是未知寶有同名，實非一體。此寶乃碩福所致，觸目而生貪；彼寶是淨德所成，久居而不染。執清修之小節，失聖境之偉觀，亦猶性惡淫聲，併黜瑟同琴而共棄；心憎野史，與堯謨舜典而俱焚。賤金玉而捨西方，何以異於是？

問：極樂國中，一寶以至四寶，諸多奇麗，充燦其間，可謂富矣；然而取之不爲貪者，曰：吾家業也，今人皆是富人之乍失業，與久失業者耳，嘗謂富卽吾有，委而棄之。若此方龐居士輩者，豈不清高？不然，辛苦經營，早夜積著，雖復舊物，亦幾貪戀，況守錢虜哉？彼誓取淨土者，何以異此？

答：淨心本具，故云寶是家珍。淨願求生，實乃復其故有。夫欲仁得仁尚非貪，吾復吾心，胡名染？若夫實報莊嚴，則亦因淨果淨，理自如是，又何慕焉？如其顧舊業而求生，心之垢亦甚矣，何以得生淨土？

問：法藏恐人之憚煩而不求往生也，曰：十念足矣；釋迦恐人之憚煩而不求往生也，曰七日足矣。見夫婦數米而念者，教以三十六萬億九千五百之號，從約也，而釋迦又以聞毫相名，與一稱名之效誘人，其意一耳。至遠公與式公而六時，而懺儀，備也，士攢眉去焉。夫使七日十念而不然也，佛語誑；信然也，何爲峻淨國之城而拒人耶？

答：大聖化人，善權自非一種，宜繁者爲說繁，宜簡者爲說簡，七日十念，非言易以驕人。百倍之精專，七日勝乎千日，十念超乎萬念也。六時禮懺，非言難以阻人，宿習之濃厚，少時則刮磨未盡，有間則三昧難成也，龍舒日禮千拜，永明晝夜萬聲，攢眉而去，吾末如之何也已！

問古德一喚裴休之名，動其羅刹之念，謂諱所當諱而於彌陀呼喚無諱焉，衆所惑也。曰：此彌陀之願，無傷也。聲音之道，靡間顯幽，故臯某來復，望其更生；號天呼父，命曰反本，至於發言必稱堯舜；逢人每說項斯，其指同矣。但六字尚存皈敬之文，四字全似唱名之瀆；牛山用以驅魔，等呪中鬼神之號，市人用以泄憤，同俗間詛詈之詞，若此者，亦可數數聒耳否乎？

答：裴休是二字之家諱，一稱則已褻其人；彌陀是萬德之尊稱屢誦則彌增其美。稱堯說項，喻實然矣。既爾，則但念尊稱，便成皈敬，六字四字，誠無別焉。獨以法久弊生，翻成瀆慢，嗚鑼擊鼓，而如唱如謳；泄憤申冤，而似呪似詛。聞之天耳，寧不悲乎？然而戲稱怒舉，亦植良因；果報將來，不可思議。凡情未諳，明者知之！

問：觀音勢至，淨國之儲君也，一稱其名，彼必來赴。譬如宰相，有汲引薦拔之權，求進取者，可叫號而通之，未聞直干人主者也。至如水鳥樹林，既皆佛化，臨終見之，與見佛無殊，則生前念之，與念佛何異？況又不必直斥鴻名，重彼凡夫之惑？

答：權分大小，則千千宰執，何如一遇明君？報有正依，則庭下莊嚴，豈比堂中眞主？是故提綱者自張其目，摘葉者每失其根；獨舉鴻名，更無容惑矣。

問：或想六字在我身分，一一歷念，此與安般數息，同一攝心，云何不許斥爲外道？又今時蓮宗，壞於白蓮等教，寶鑑所載，僅其二三，未盡舉也。

向使佛說經時，既證六方廣長之舌，復示百種波旬之狀，庶識同禹鼎，魔息閻浮，而不慮此果何說乎？且卽今其說最熾其害甚深者，爲是那種外道耶？

答：安般，乃借息觀心，全殊鍊氣；歷念，則著身求效，固是邪宗。寶鑑深呵，他書競斥，千形萬態，莫可具陳。法弱魔强，末運應爾，佛曾懸記，非不慮也！若卽今熾然爲害，則有所謂十六字經，氣氣歸臍者，盡力追奔，直至丹田者，蹉認誰字者，謬解南無者，若斯等流，如鬼如魅，全無意況；西天九十五種之所不收，此方儒道二教之所不攝，野火燒空，久之自滅耳！又何足謂之外道乎哉？

問：今之迷者，猶背燭而坐，回首無不見燭者。彼一念緣佛，便應見佛。

如必念之熟而後見，將回首見燭者，亦必瞪目熟視，久而後見哉？向令設善權，念佛時，隨念見佛，停心絕念及與雜念時，便爾懵然；斯人人念佛矣，安有闡提耶？

答：太陽日日當天，而戴盆不覺；明鏡時時對面，而瞽目無知。念佛之人，念念與彌陀相接，而自昧自迷，何以異於是？良以心水不淸，佛月不現；衆生自咎，於佛何尤？且明燭在背，回首幾人，指點徒勞，堅然強項，乃責佛之難見，亦獨何歟？

問：黃帝內經，明大惑之病，謂目中無端，忽有所見，是也。今學人於本無中忽有所見；與見鬼何別？又云：『將死之時，乃得接引，』所謂時衰鬼弄人，捨身而隨之，不亦大惑歟？顧稱見惑思惑，一切惑繇是破焉，世人安得不惑？

答：無故而忽見，安得非邪？昔觀而今成，安得非正？蓋因果之常理也！淨業學人，應須平日考因果之根原，辨邪正之徵細，至於臨終所見，魔佛顯然，誰足爲惑？如觀立佛而現坐佛者，魔也；正報依報，不與經文符合者，魔也；以空觀空之而隱者，魔也。苟爲不然，則淨心成就，淨境現前，接引往生，訓垂金口，安得與無故忽見比耶？

問：經云『剎中有諸天世人之異，』此中既無日月風雨之司，諸天當何所職？又無營求衣食之苦，世人當何所爲？合是攝來人天，良以化形丈六八尺，見證賢位聖位矣，更出舊名何也？

答：人天念佛，皆獲往生，欲示生因，猶存舊號，並是無爲侶伴，禪寂生涯，何必上主天曹，下營人事如此世界中耶？

問：法藏之發四十八願也，曰：「不得是願，誓不作佛；」今法藏之作佛，經十劫矣，其得誓願久矣，然尤亟亟然引衆生而歸之，若塡河塞井然，似繇未滿願者，何也？願之未滿，不可言得願之未得，不應作佛；豈作迹佛之後，又願度生？至其涅槃而歸本佛，始眞作佛耶？

答：菩薩之道，方其在因地也，則從因至果；及其居果地也，又帶果行因。是以得願而心如未得，弘願繇稱作佛，而不住佛邊，眞佛斯在，豈比人天小行，羅漢偏空者耶？若曰迹佛度生，唯涅槃乃成眞佛，則古佛涅槃皆同斷滅，靈山一會，儼然未散，復云何通？

問：或云：西乃天傾物老之方，人死念絕，乃得生彼；又云：天傾之處，地爲有餘，有餘，則能廣容往生之衆；又云：庚辛屬金，金不變壞，以示不退轉之義；又云：萬物以西而成，百果皆實於秋，行人東方行因，西方證果。竊爲往生乃是生機，何不入東方生物之府，而反入肅殺之地？若標第一義諦，何不直於中央攝入耶？無乃但論一時當機，所謂西者，無所取義歟？

答：如來一語，多義攸含，但邪正殊途，理應揀擇，若云念絕則念絕誰生？若云地容，則地容有限。金性不變，秋位司成，二義爲近，據實而論，亦不盡然。蓋虛空無盡，世界何窮？今此極樂之邦，東觀則西，西觀則東，南北二方，亦復類是。釋迦勸往，故說西方，別佛讚生，必標他向，那得執西立義，膠固不融？不然，童子徧參，何復南爲正位？藥師示現，乃令東亦淨方。但歸心一處，專念斯成已耳！

問：兜率，彌勒宮也，昔人往往發願求生，具有儀法；至唐道昂，專修西方，而臨終兜率來迎。夫兜率可不願而致，西方似亦可不願而致矣。又或誓取銅輪，反得鐵輪；誓取金臺，反得銀臺；則誓取西方淨土，反得東方淨土，亦未可知？

答：十善戒定，生天之正因也。發願回向，生淨土之正因也。故生天者，容有不資於願；而生淨土者，無願則不成也。蓋淨土非無善力，而願乃居先；生天亦假慕求，而善為之主，世有初修天業，後知非，而一意西方；是以歿現玉京，俄隱跡，而重彰佛國。正專求之所感，豈漫修而可成？至如銅鐵未符，金銀稍隔，則是求上僅得其中。然而終竟必如其願，志西方而功未就，要於人天善道受生耳。若能純一用心，堅誠發願，西則必西，何東生之足慮？

問：懺中所禮佛，乃盡三世，而所念佛，獨一彌陀，固謂三世諸佛無稱名之願耳。然彌陀亦有多名，具在經中，隨取一名持之，得否？據小彌陀經，翻爲無量壽無量光，而觀經獨稱無量壽者，豈能觀之智，所觀之光，卽爲光耶？六方佛中，其西亦有無量壽者，卽是此佛自讚否耶？

答：如來名號，誠曰多端，但取徧熟衆生耳根，於中實無差別。惟彼彌陀之號，普徧十方，故令稱念之人，皆歸一致。且無量壽是唐言，阿彌陀乃梵語，而壽量現等虛空，光明自徧宇宙，舉體該用，但云無量壽足矣。若夫十方諸佛，覈之歷有同名；釋迦尊稱，多之至於無算。極樂教主，何獨不然。非佛自讚，亦無疑矣。今時有人執念釋迦而不念彌陀者，自以爲是，拗衆稱高;噫!釋迦使汝師彌陀;而汝不從教,譬之子違父命,而不就明師,雖日呼其父,安得不云忤逆?

問:觀音紹位時,彼世界中,固知必念彼佛之號矣,不知法藏當時念何佛名而成淨土?使其無所念,固不當以己之所不爲者强人?使其偏念諸佛,尤不當使人專持而獨私於己?又復此門之開,自彌陀始,則諸佛何以徒知讚羨,而閉其門,略不爲衆生地耶?

答:古佛出世,已經無量,則後佛之念先佛,誰復能數計而知?但當機教主,開啓法門,必出自一佛之口;猶禮樂征伐自天子出耳,非諸侯之不言念佛也。且法海無邊,非謂止念佛,而更無諸教,化門不執,豈必行諸己,而然後教人。就使彌陀不念古佛,令衆生念己何妨?譬孔子學無常師,爲萬代宗師奚礙？但當專念，焉用多疑？

問：彼佛壽命，所謂河沙劫石，浩浩渺渺，非二乘能知者也。若曰復有觀音紹統，是無量而有量矣。佛厭衆生耶？衆生厭佛耶？佛厭衆生，則非佛；衆生厭佛，如法華所云，則觀音之開普門久矣，似非喜新者之所樂從也？將彌陀涅槃之後，亦有正法、像法、末法，而觀音之補位，同彌勒之降生乎？

答：無量有二：一爲無量之無量，法性等於虛空是也。二爲有量之無量，雖有紹繼，而人天莫數是也。疑者謂釋迦誘迷邦諸子，故現無常；彌陀統淨土諸賢，正宜永壽。其涅槃也，似厭衆生。然而淨土衆生，已能悟佛身之常住，非比娑婆凡品，率皆認跡滅爲眞亡；無去無來，非新非舊，生彼國者，尚不明此義乎？是則子克家而父退休，臣有德而君禪位；繇衆生不疑無佛，故佛身權示捨生，縱入涅槃，奚得稱厭？若夫位有補處則彷佛龍華，法無正末則迴異娑婆矣。

問：極樂之樂，從情識生，三禪而上，已不耽樂；九品之內，顧復求樂，何也？若云寂滅爲樂之樂，豈必緣衣食自然，無有衆苦，而得名乎？若云淨土唯心，心體常樂，何爲又言觀佛心者，大慈悲是？

答：極樂雖接凡情，其實有二：一者對苦說樂，無有衆苦，故名極樂。二者稱性說樂，無苦無樂，故名極樂。此之眞樂，豈情識之擬耶？又聲聞以寂滅爲樂，大聖以慈悲爲樂，則大慈悲心，非卽常樂乎？而世人以戚戚言悲，抑末矣！

問：諸穢者善權之必資也，昔宣師持律甚嚴，化佛數以穢破之。竊意淨刹中人，皆繇精戒而生，佛於此人，正宜徧示穢相，破其執情，奈何更示淨相，將非以水濟水乎？若曰此人定業應爾，則所謂『欲令法音宣流變化所作』者，何人欲，何人變也？

答：諸佛善權，合宜則用。有宜逆破者，有宜順成者，各隨其機而已。娑婆苦界，先以苦而折擢，安養樂邦，合用淨而攝受。要使故習永離，善根純熟，何得遽以穢破？遂令鄙吝復萌，水鳥樹林，咸宣妙法，蓋爲此也。直俟忍力堅强，然後回入染鄉，利生接物耳。今麤心比丘，未成一德，先試諸艱，觸湼而緇，良繇自取矣！

問：一人作佛事，諸佛應盡知，十方佛來迎，是人何所向？諸佛本同迹同，種種皆同；念佛者，合是十方諸佛同來接引，此獨一方三聖往迎，必其念時，所見偏淺？

答：諸佛雖能徧知，而赴機不亂；一佛既勤專念，而感應自符。修淨土者，就使諸佛齊彰，亦必有主有伴。彌陀獨顯，化佛雲從，因果法爾如然，非是偏淺所致。

問：涅槃云：『釋迦亦有淨土，本我導師在彼末法最後誠言，可無信受。』便爾六時但念迦文，生難勝國，豈不當機耶？釋迦極讚彌陀，合如其願，既生彼已，遣我承事彌陀，亦復何礙？

答：諸佛誰無淨土？彌陀亦有穢邦。良繇土土交資，佛佛互讚，如世易子而敎，猶華接幹而生，妙用微權，不可思議。惡知難勝非卽淸泰之鄉？安辨瞿曇得無法藏之後？但遵現敎，毋用他求！

問：有云大徹大悟人，不妨更見彌陀，既已不歷諸位，立地成佛矣。以佛見佛，猶以知知知，此一見爲是參爲是證，意者權示榜樣。又或理既頓超，身猶凡下，往獲妙用，乃可度生耳。

答：凡夫心始得悟，見處與佛相齊；菩薩行實無邊，功能去佛猶遠。不妨再依古佛，重受新聞，且證且參，何窮何盡？昔人謂離師太早，不能盡其妙，況離佛乎？若執三祇薰鍊，是藏教小乘，而弱羽狂飛，失利多矣，可不愼諸！

問：卽淨卽穢，卽穢卽淨，西方此土，不踰分寸。生而卽無生，去則實不去；今日彈指，曰一念頃，曰屈伸臂，此已約時，便似舉足移步，雖云極速猶是兩途。

答：執謝惑鎖，縱使路阻千山，而融通不二；情關識鎖，就令速超彈指，而判隔彌深。今學人唯圖句語尖新，喜談卽穢卽淨；不知頭沒九淵之下，謂天壤無殊，身沈鮑廁之中，謂薰蕕不別，良可哀夫！

問：執途之人而問之，皆曰：念佛。耳之，則口稱，非心念也。詰之，則曰：心口相應云。夫心口相應斯成聲，因心而動斯爲念，安得以聲爲念乎？或謂萬法唯心，何聲之非心耶？然則鐘鼓琴瑟之鳴，亦是念乎？幾矯亂矣！

答：鐘鼓雖含洪韻，非叩不鳴；琴瑟雖具妙音，無指不發。鐘鼓琴瑟，譬脣舌之外張；若擊若彈，似心念之內動。如其絕念，從何發聲？是以寐語喃喃，亦繇夢想，豈得佛聲浩浩，不自心源？但世人任運稱呼，不專不切，初則藉念成聲，頃則隨聲亂念，名曰相應，實不相應耳。天如有言，口與心，聲聲相應，心與佛，步步不離；如是念佛其庶幾乎！

問：善財之參德雲，始知念佛法門，及南過百城，五十四參而見阿彌陀佛也，則三昧成矣；他日文殊現身竹林，但令人念阿彌陀佛，夫以善財位臻十信，文殊何不徑指卽見彌陀，而顧使周歷百城乎？彼學人未南詢而輒議西歸者，太早計乎？

答：始參而教念佛，則從源以及流；周歷而見彌陀，則繇末而歸本。所謂『無不從此法界流，無不還歸此法界』也。是故南詢而後西返，豈曰遲還？往生而後徧遊，何云早計？醫王發藥，標本隨宜，操縱微機，固凡情靡測矣。

問：『總攝六根而念佛，』此勢至語也。念既從心與意之所生，則凡為願者，迴向者，禮者，懺者，一念蔽之矣。世無心外之願，與心外之迴向禮懺也。夫一心念佛而是佛所發之菩提，卽願也；專向是佛，卽迴向也；南無，卽禮也；一念消生死之罪，卽懺也；餘可例知矣。念佛有何不足，而紛紛使心亂哉？

答：一心清淨，是為理觀內明；五體翹勤，乃曰事懺外助。直觀本心，非不徑要，而末法衆生，慧薄垢重，須假理觀事懺，內外交攻，庶得定就慧成，死生速脫。但今人惟存事懺，理觀全荒，何況外飾虛文，中無實悔？反令清信男女，紛紛亂心；背普賢之願王，乖慈雲之本制。嗟乎傷哉！弊也久矣！

問：「觀經言觀佛心者，大慈悲是。」世人若能放生戒殺，仁民愛物，以至九類衆生皆滅度之，而不作滅度想，遂與法藏之心契矣；且又不違釋迦觀心之訓，柰何取觀身與稱名之麤迹，而反以佛心爲助緣耶？

答：念佛有二：一者念佛心性，二者念佛身名。念心性者，見眞佛也；不妨觀光明相好之佛於西方。念身名者，見應佛也；亦能覩自性天眞之佛於象外。本迹雙舉，理事同原。心性良非助緣，身名豈云麤迹？今五部六冊之徒，藉口無爲，撥空因果，障人禮像，嗤彼稱名。古德有言：「人人丹霞，方可劈佛；箇箇百丈，始可道無。其或未然，入地獄如箭射！」

問：空華巾兎之類，世所謂幻妄也；一切依正之報，世所謂實事也。佛言實事俱是幻妄，則空華巾兎又當何名？藉令彼之實事果爲幻妄，其形狀了了虛僞，一空華巾兎可矣，安俟推破，始知幻妄？是故有幻者，有如幻者，有妄者，有如妄者。彼同居淨土，幻妄耶？如幻妄耶？全妄是眞，全幻是中。

同居穢土，卽同居淨土；同居淨土，卽上三土耶？

答：空華巾兔，固全體虛無，肉兔樹華，亦從來幻妄，本不推而自破，但在迷而未知。故正幻與如幻無殊，實妄與似妄何別？同居淨土，蓋卽幻卽如，卽眞卽中者矣。統而論之，卽穢卽淨，卽一卽三，畢竟空寂，有何階限？然雖如是，情見未破，欣厭猶存，應須消除幻妄，證入眞常，捐棄穢邦，求生淨國；若夫捨垢取淨，是生死業，常禪師語，使未著在。

問：約心觀佛，以妄心觀妄佛，所見之佛，卽妄也。悟如鏡像，如虛空，妄體全眞，乃得證入蓮品。假如魔化佛身，亦妄也。妄與前妄，無二無別，則此妄豈不卽空假中？當體全眞，而必欲遣之，遣著何去？

答：別眞妄，辨佛魔，一代時教，不得不然。據實而論，眞亦不立，有何妄焉佛且是無，誰爲魔者？不見有魔，尙安用遣？如其陰識猶封，未許撥無魔事，楞嚴所示，諦審思之！

問：昔人云：佛日也，狀佛性者。曰：如杲日麗空。狀佛光者，亦曰：如百千日。此日觀所繇立也。非生盲人，無不見日，取其觀心易成。而諸師舍此，據作毫相之觀，疑於故紊觀經次序矣。或謂恐吸日精者混之，獨不慮黃闕眉間之論，吳門明堂之說，混我中觀耶？

答：不觀日輪，而觀毫相，越次而行，是自有說。良以觀門雖廣也，而標大主，則言佛便周；佛相雖多也，而表中道，則唯毫是統。蓋爲夫樂簡便而憚繁劇者設也，似乎越次，實則無傷。獨慨夫法立魔隨，以邪混正，有不可勝舉者矣！噫！不但謬解經文，兼復流成世害，吸日月而納妖崇以亡身，守印堂，而聚火熱以盲目；逼臍氣而成蠱滿，運任督而結癰疽，禍及良民，殃遺後代，可不悲夫！

問：淨土之無女人，恐惑行人也。而觀音自淨土出，往往化爲女人，如所稱馬郎婦等者，合論指善財所見童女之類，並是慈相，蓋地上菩薩始行慈度人耳。佛心既是慈悲，反於本剎，顯威光而不呈慈相，何也？

答：娑婆欲染偏重，故觀音卽女以轉其心；善財差別未明，故婆須現女以通其智。非慈化之謂也。行慈而現女，慈化未行，欲染先熾矣。九蓮往士，始習淨心，有女以損善芽，甚不宜矣！

問：末法，般舟三昧經先滅，無量壽經更留，夫般舟所祈見者，此彌陀也；觀經所祈見者，亦此彌陀也。謂常行爲難，則成觀亦難；謂見佛前立爲難，則今之習觀者，方以日觀難成，直觀毫相矣。豈有今日難成之觀，而法滅時更易爲力也？

答：無量壽經更留住世者，大彌陀經是也，非十六觀經也。良以稱名易舉，觀想難成。般舟先觀足輪，逆緣而上，亦觀經之類耳。佛境勝而凡心麤，難就一心三觀，宴安便而勤苦逆，誰肯卻坐常行？而六字稱名，則三尺童子辦之矣。此經偏救末世，豈偶然哉？

問：慈雲開理一心，事一心，夫一心窮理，一心作事，是二心互起，如雙桴兩杵，亂動不休，奚云不亂？若理如事，事如理，彼一心卽此一心，則單用一心，有何不可？禮師云：『附事顯理，又是一種觀法，不合曰理觀事觀。』天台教門固如是，慈雲乃其後嗣，何獨不如是？

答：智一也，而明權實，非裂智以成雙。心一也，而說妄眞，不破心而爲二。觀有理事，亦何礙焉？譬之鏡像別而不離，水月分而不斷；就事而思其理，理在事中，從理而推其事，事非理外，何待兩處起念，桴杵亂投？故理事者，一而二，二而一，不相似，不相睽者也。況旣曰附事顯理，則一種而雙用，明亦甚矣。慈雲之於台教，復何悖乎？

問：十疑論似用不淨觀爲淨土因者，向疑無女人，無眷屬，不足勸進凡夫，正謂其以不淨爲淨耳。今使了知不淨，生厭離心，詎非淨土正因耶？然止觀稱不淨觀成，未離三界，應是但知世間不淨，未知諸天不淨，設能了知諸天不淨，不識可生淨土否？

答：娑婆不淨，女人乃其一端。十疑論廣說不淨，而意重女人耳。但知不淨可厭，而不欣淨土，未易往生。假令骨觀雖成，而不觀佛身，難登樂國，不淨爲淨土正因，蓋未可也！

問：淨土水鳥樹林，演說無常苦空無我之義，此殆非了義也。彼佛既欲法音宣流，何不流一圓音使隨類得度，而必此音乎？儻攝定性聲聞，來歸此土，更作是音，不令舊病增劇歟？

答：無常苦空之法，非局小也，蓋是徹上徹下，亦偏亦圓。觀夫不生不滅之謂無常，五陰不起之爲眞苦。菩薩而聞此義，彌廣其心；聲聞而解此音，頓忘其小。不曰圓音，謂之何哉？

問：處蓮胎者，六劫十二劫，未聞三聖說法，而一由旬內，當不少水鳥樹林，彼其下品凡夫，但領無常苦空無我之義，目前色相，一切不取，不取之久，理應銷滅；車輪蓮質，那得獨存？又云如忉利天樂，既受天樂，安保不墮？且若不墮時，何不逕修此天之業耶？

答：蓮開遲暮，正緣在世之日，不達無常苦空之理耳。向使早明斯理，何得久處蓮胞？故知不取色，則金色華開；不取相，則妙相佛現。育蓮之道斯在，銷華之說奚爲？若謂樂比諸天，恐成退墮，不知借天爲喻，生淨土者，已不欣羨天宮，故雖處樂不迷，志大道者，豈肯便修天樂？或又謂受用既等上天，身位胡居下品，此則正表高高三界，不及下下九蓮，證果雖卑，感報已勝。儲君尚在襁褓，服異多官；伽陵未出胞胎，音殊衆鳥。是故下生猶勝天宮，古訓昭然，無容更喙矣！

問：人畏生死事大，無常迅速，乃始猛欲求脫，不敢暫息也。一聞橫出三界之旨，捷路修行之說，念佛消罪之文，十聲往生之願，便謂有佛可憑，無業足懼，以致悠悠，竟不得力，而入閻老手者多矣。則蓮宗誤之也！彼宗教二門，參究甚難，又不許疾見功效，生死二字，常係於心，安得有此？

答：凡人修道，有聞難則止，聞易則行者，有聞難則勤聞易則背者，古聖施教，各順時宜，善用心者，存乎其人而已。念佛一途，直超三界，大悲之極，故啓斯門。若夫怠荒成弊，衆生自誤，非佛誤衆生也！我欲仁而仁斯至，仁在目前；狂克念而聖，斯成聖非遙遠。是亦以易誤人乎？若夫一言頓悟，立地成佛，宗門言易，抑又甚矣，安得亦謂之誤？

問：豐干，彌陀化身也，寒山拾得，文殊普賢也；彌陀之現，不領觀音勢至，而挾文殊普賢以遊，至所屬詞，又多宗門語耳，將無以念佛觀佛爲局，而轉如來禪成祖師禪乎？抑常寂光土之人，匪是莫繇接乎？

答：觀音勢至，固稱日侍導師；文殊普賢，何曾暫離安養？故釋迦乃娑婆化主，會有觀音；黃蘗非儒教宗師，席延裴相。融通攝化，寧有定乎？至謂語涉宗門，似乎更翻淨業？殊不知九蓮華蕊，枝枝開迦葉之顏；七寶欄楯，步步入善財之閣。八楞毫相，楞楞觀中道眞詮；六字名稱，字字示西來密意。何待轉小爲大，變局爲通？然後接彼上根，演斯玄化。故知念佛一路，即是入理妙門：圓契五宗，弘該諸教，精微莫測，廣大無窮，鈍根者得之而疾免苦輪，利智者逢之而直超彼岸，似麤而細，若易而難，普願深思，愼勿忽也！

淨土疑辯

或問淨土之說，蓋表法耳。智人宜直悟禪宗。而今只管讚說淨土，將無執著事相，不明理性？

答：「歸元性無二，方便有多門，」曉得此意，禪宗淨土，殊塗同歸。子之所疑，當下冰釋。昔人於此，遞互闡揚，不一而足。如中峯大師道：「禪者淨土之禪，淨土者禪之淨土，而修之者，必貴一門深入。」此數語尤萬世不易之定論也！故大勢至菩薩得念佛三昧，而曰：「以念佛心入無生忍。」普賢菩薩入華嚴不思議解脫，而曰：「願命終病生安樂刹。」是二大士：一侍娑婆教主，一侍安養導師，宜應各立門戶，而乃和會圓融，兩不相礙，此皆人所常聞習知，那得尙執偏見？

且爾云淨土表法者，豈不以淨心卽是淨土，豈復更有七寶世界？則亦將謂善心卽是天堂，豈復更有夜摩忉利？惡心卽是地獄，豈復更有刀劍鑊湯？愚癡心卽是畜生，豈復更有披毛戴角等耶？又爾喜談理性，厭說事相，都緣要顯我是高流，怕人說我不通理性。噫！若眞是理性洞明，便知事外無理，相外無性，本自交徹，何須定要捨事求理，離相覓性？況土分四種，汝謂只有寂光土，更無實報莊嚴等土乎哉？

若一味說無相話以爲高，則資性稍利者，看得兩本經論，記得幾則公案，卽便能之，何足爲難？且汝既了徹自心，隨處淨土，吾試問汝：還肯卽廁溷中作住止否？還肯就犬豕馬牛同槽而飲啗否？還肯入丘塚，與臭腐屍骸同睡眠否？還肯洗摩飼哺伽摩羅疾膿血屎尿諸惡疾人，積年累月否？於斯數者，歡喜安隱，略不介意，許汝說高山平地總西方，其或外爲忍勉，內起疑嫌，則是淨穢之境未分，憎愛之情尚在，而乃開口高談大聖人過量境界，撥無佛國，蔑視往生，可謂欺天誑人，甘心自昧，苦哉苦哉！

又汝若有大力量有大誓願，願於生死海中頭出頭沒，行菩薩行，更無畏怯，則淨土之生吾不汝强。如或慮此土境風浩大作主不得；慮諸佛出世難值，修學無繇，慮忍力未固，不能於三界險處度脫衆生；慮盡此報身，未能永斷生死，不受後有；慮後有既在，捨身受身，前路茫茫，未知攸往，則棄淨土而不生，其失非細！

此淨土法門，似淺而深，似近而遠，似難而易，似易而難，他日汝當自知！汝今參禪念佛，不妨隨便一門深入，但忌認鍮作金，得少爲足，便以管窺小解，恣意妄談，非詆淨土，喻如癡狂之子，罵斥父母，父母慈憐，雖不加責，其如天理之不容王法之必戮何？彼妄談者，報亦如是；可懼也夫！可悲也夫！

答蘇洲曹魯川邑令書（二通）

（一）

久聞居士精意華嚴，極懷敬仰！茲接手教殷勤，直欲盡法界衆生而納之一乘性海，是普賢大願也。然不肖雖崇尚淨土而實則崇尚華嚴不異於居士。

夫華嚴具無量門；求生淨土，華嚴無量門中之一門耳。就時之機，蓋緣此一門而入華嚴，非舉此一門而廢華嚴也。

又來諭謂不肖以彌陀與華嚴並稱，因此遂有著論駕淨土於華嚴之上者，此論誰作乎？華嚴如天子，誰有駕諸侯王大臣百官於天子之上者乎，然不肖亦未嘗並稱也。疏鈔中特謂華嚴圓極，彌陀經得圓少分，是華嚴之眷屬流類，非並也。古稱華嚴之與餘經，喻如杲日麗天，奪衆星之耀，須彌橫海，落羣峯之高，夫焉有並之者，此不待論也。

又來諭謂宜隨機演教，爲宜淨土人說淨土，爲宜華嚴人說華嚴。此意甚妙！然中有二義：一者、千機並育，乃如來出世事，非不肖所能。故曹溪專直指之禪，豈其不通餘教？遠公擅東林之社，亦非止接鈍根？至於雲門、法眼、曹洞、溈仰、臨濟，雖五宗同出一源，而亦授受稍別，門庭施設，理自應爾，無足怪者；况不肖凡品乎？若其妄效古人，昨日定今日不定，而漫無師承，變亂不一，名曰利人，實悞人矣！何以故？我爲法王，於法自在，平民自號國王，不可不愼也！二者、說華嚴則該淨土，說淨土亦通華嚴，是以說華嚴者自說華嚴，說淨土者自說淨土，固並行而不相悖；今人但知華嚴廣於極樂，而不知彌陀卽是遮那也。

又來諭清涼不會華嚴義旨，而裂全經爲四分以屬四法；夫信解行證雖貫徹全經，而經文從始至終亦有自然之次第，非清涼强爲割截也。其貫徹也，所謂圓融；其次第也，所謂行布。卽行布而圓融，四分何害？使無行布，圓融何物？必去行布而圓融，則不圓融矣！且信住行向地以至等妙，佛亦自裂全經爲五十二段乎？何不將五十二段一句說盡，而爲此多卷之文乎？因該果海，果徹因源，因果未嘗不同時，而亦未嘗不因自因果自果也；何必定執八十卷經束作一塊，都盧是箇無孔鐵鎚，而後謂之圓融乎？定執一塊，不許分開，卽死殺法，卽釘樁，卽守窟，安在其爲活潑潑也？方山之論自是千古雄談，而論有論體，疏有疏體，統明大義，則方山專美於前，極深探賾，窮微盡玄，則方山得清涼而始爲大備。豈獨方山？卽杜順而至賢首諸祖亦復得清涼而大備。豈獨華嚴諸祖，卽三藏十二部百家論疏亦復得清涼而大備。溫陵解華嚴，以方山爲主，清涼爲助，已爲失宜；而居士顧訾之，此不肖之所未解也！

又龍樹於龍宮誦出華嚴，而願生極樂；普賢爲華嚴長子，而願生極樂；文殊與普賢同佐遮那，號華嚴三聖，而願生極樂，咸有明據，皎如日星，居士將提唱華嚴以風四方，而與文殊普賢龍樹違背，此又不肖之所未解也！況方山列十種淨土，極樂雖曰是權，而華嚴權實融通，理事無礙，事事無礙，故淫房殺地無非清淨道場，而況七寶莊嚴之極樂乎？婆須無厭皆是古佛作用，而況萬德具足之彌陀乎！居士遊戲於華嚴無礙門中，而礙淨土，此又不肖之所未解也！

不肖與居士同爲華藏莫逆良友，而居士不察區區之心，復欲拉居士爲蓮胎骨肉弟兄，而望居士之不我外也。居士愛我，不讚而規，今妄有所規，亦猶居士之愛我也。病筆略申梗槩，殊未盡意，惟鑒之諒之！

附來書

久不奉面命，歉歉！乃時時獲翻刻敎迪我孔多，慰謝慰謝！南企法雲，殊切瞻依！適敝郡斷凡悟上人祇趨壇下，爲求法故，附此候安！

不佞繆迂，近守東魯，遠宗西竺，乃於儒釋之書爲蠹魚者四十年於茲矣；亦嘗奉敎於諸達者，有所蓄積，冀正之於大善知識，茲因斷凡之來布之也：

夫釋尊有三藏十二部敎，所謂於廣大海張衆多網；又所謂大囷小囷也者，祇宜譚大以該小，詎可舉一而廢多？比吾黨中有倡爲歷刼成聖，必漸無頓之說者；夫漸亦聖說，未嘗不是，而以漸廢頓左矣。尊者內祕頓圓，而外顯淨土法門，諸佛有然，無足疑者，豈近來聽衆，不無如法華所說初聞佛法，遇便信受思惟取證者？直欲以彌陀一聖而盡廢十五王子，以淨土一經而盡廢三藏十二部，則不佞之所不願聞者也！時雖末法，而斯人之機豈無巧鈍？有如釋尊爲迦葉爲憍陳如其說如此，爲善財爲龍女其說如彼；二十五聖各證圓通，文殊所稱又如彼，正所謂昨日定今日不定。又所謂說我是空且不是空，說我是有且不是有，此所以爲善無常主，活潑潑地，如水上按壺盧然，非死殺法也。儻釘樁守窟，焉利人天？所願尊者爲大衆衍淨敎，遇利根指上乘，圓融通達，不滯方隅，俾鵬鷃並適，不亦盡美盡善乎哉？

又佛華嚴，乃無上一乘圓教，如來稱性之極談，非教非宗，而卽宗卽教，不空不有，而無垢無淨，是在法華猶較一籌，若餘乘似難與之絜長比短也者；尊者乃與彌陀經並稱，已似未妥，因此遂有著論騰之，架淨土於華嚴之上者，朱紫遞淆之謂何？鹿馬互指又何說也？此而無人言之，天下後世必有秦無人焉之嗤！亦願尊者爲淨土根人說淨土，爲華嚴根人說華嚴，毋相誚！亦毋相濫！乃爲流通佛乘，乃爲五教並陳，三根盡攝，奈之何必刻舟而求劍，且彈雀而走鴿也？

若夫華嚴一經，有信解行證四法，善說此法者宜莫如方山，今其言具在，可覆也！爰有淸涼人號爲華嚴菩薩，而實不會華嚴義旨，草草將全經裂爲四分，以隸四法，舍那妙義委之草莽矣！亦願尊者辨黑白，分涇渭，揭杲日於義天！

嗟嗟！今之時緇素中高流日就彫謝，不佞之所仰重於尊者如泰嵩然，故不以讚而以規，知尊者無我，而不佞亦非爲我，故諄諄言之，惟尊者亮之！

(二)

辱惠書,纍纍及二千言,玄詞妙辯,汪濊層疊,誠羨之仰之;然竊以爲愛我深而辭太費也!果欲揚禪宗抑淨土,不消多語,曷不曰三世諸佛被我一口呑盡,既一佛不立,何人更是阿彌陀?又曷不曰若人識得心,大地無寸土,既寸土皆無,何方更有極樂國?只此兩語,來諭二千言攝無不盡矣。茲擬一一酬對,則恐犯鬬爭;不對,則大道所關,不可終嘿,敢略陳之:

來諭謂淸涼擇焉而未精,愚意不知淸涼擇華嚴未精耶?抑亦居士擇淸涼未精耶?

又來諭謂不了義經乃談說淨土,而以行願品起信論當之,起信且止,行願以一品而攝八十卷之全經,自古及今,誰敢議其不了義者?居士獨尙華嚴而非行願！行願不了義，則華嚴亦不了義矣。

又來諭謂法華記往生淨土爲女人因果，則龍女成佛亦只是女人因果耶？謂彌陀乃十六王子之一，則毗盧遮那亦止是二十重華藏之第十三耶？居士獨尊毗盧，奈何毗盧與彌陀等也。

又來諭謂楞嚴取觀音遺勢至，復貶爲無常生滅，則憍陳如悟客塵二字，可謂達無常契不生滅矣，何不入圓通之選？誠曰觀音登科，勢至下第，豈不聞龍門點額之喻，爲齊東野人之語耶？

又來諭謂齊己禪師將古人念佛偈逐句著語，其曰惟有徑路修行，則著云依舊打之遶，其曰但念阿彌陀佛，則著云念得不濟事；居士達禪宗，何不知此是宗師家直下爲人解黏去縛，乃作實法會而死在句下耶？

果爾，古人有言：「踏毗盧頂上行，」則不但彌陀不濟事，毗盧亦不濟事耶？此等語言，語錄傳記中百千萬億，老朽四十年前，亦曾用以快其脣吻，雄其筆劄，後知慚愧，不敢復然，至於今猶赧赧也！

又齊己謂求西方者，捨父逃逝，流落他鄉，東撞西磕，苦哉阿彌陀佛；往應之曰：卽今卻是如子憶母，還歸本鄉，捨東得西，樂哉阿彌陀佛。且道此語與齊己所說相去多少？

又來諭謂多劫修行，不如一念得無生法忍；居士已得無生法忍否？如得，則不應以我爲能生，以土爲所生。何則？卽心是土，誰爲能生？卽土是心，誰爲所生？不見能生所生而往生，故終日生而未嘗生也，乃所以爲眞無生也。必不許生而後謂之無生，是斷滅空也，非無生之旨也。

又來諭謂必待花開見佛方悟無生，則爲迂遲，居士達禪宗豈不知從迷得悟，如睡夢覺，如蓮華開。念佛人有現生見性者，是花開頃刻也；有生後見性者，是花開久遠也。機有利鈍，功有勤怠，故花開有遲速，安得槩以爲迂遲耶？

又來諭謂遮那與彌陀不同，而喻華嚴以全身，喻西方以毛孔，生西方者如撮全身入毛孔，爲海漚倒置；夫大小之喻則然矣。第居士通華嚴宗，奈何止許小入大，不許大入小？且大小相入，特華嚴十玄門之一玄耳。舉華藏不可說不可說無盡世界而入極樂國一蓮華中，尚不盈華之一葉，葉葉之一芥子地，則何傷乎全身之入毛孔也？

又來諭謂荒山僧但問以上乘便駭心瞠目，居士向謂宜華嚴者語以華嚴，宜淨土者語以淨土，今此鈍根輩正宜淨土，何爲不與應病之藥而强聒之耶？

又來諭謂老朽既出世開堂，不具大人作略，而作閭巷老齋公齋婆舉止，設被伶俐人問著，明眼人拶著，向北斗裏潛身耶？鐵圍裏潛身耶？老朽曾不敢當出世之名，自應無有大人之略，姑置弗論。而以修淨土者鄙之齋公齋婆，則古人所謂非鄙愚夫愚婦，是鄙文殊、普賢、馬鳴、龍樹也；豈獨文殊、普賢、馬鳴、龍樹、凡遠祖、善導、天台、永明、清涼、圭峯、圓照、眞歇、黃龍、慈受、中峯、天如等諸菩薩諸善知識悉齋公齋婆耶？劉遺民、白少傅、柳柳州、文潞公、蘇長公、楊無爲、陳瑩中等諸大君子悉齋公齋婆耶？就令齋公齋婆，但念佛往生者，卽得不退轉地，亦安可鄙耶？且齋公齋婆庸獃下劣而謹守規模者是也，愚也。若夫聰明才辯，妄談般若，喫得肉已飽，來尋僧說禪者，魔也。愚貴安愚，吾誠自揣矣。寧爲老齋公老齋婆，無爲老魔民老魔女也。至於所稱伶俐人明眼人者，來問著撈著，則彼齋公齋婆不須高登北斗，遠覓鐵圍，只就伶俐漢咽喉處安單，明眼者瞳人上敷座。何以故？且教伊暫閉口頭三昧，回光返照故。抑居士尚華嚴而力詆淨土，老朽業淨土而極贊華嚴，居士靜中試一思之，是果何爲而然乎？

又來諭謂勸己求生淨土，喻如棄金擔麻，是顛倒行事，大相屈辱也；但此喻尚未親切，今代作一喻：如農人投刺於大富長者之門，延之入彼田舍，聞者皆笑之，農人不知進退，更掃徑謀重請焉；笑之者曰：主人向者不汝責幸矣，欲爲馮婦乎？農人曰：吾見諸富室，有爲富而不仁者，有外富而中貧者，有未富而先驕者，有典庫於富人之門而自以爲富者，且金谷郿塢於今安在哉？而吾以田舍翁享太平之樂，故忘己之卑賤憐而爲此，今知過矣今知過矣！於是相與大笑散去。

附來書

歙郡斷凡上人索書上謁，附致悃素，顧承來翰，規切究竟，殷殷亟也，荷荷謝謝！

來翰云：『華嚴具無量門；求生淨土，華嚴無量門中之一門，就時之機，繇此一門而入華嚴，非舉一門而廢華嚴。』又謂：『華嚴圓極，無可駕於其上者。』並爲確論。第華嚴是法身佛說一乘妙義，迴異諸經，而人多與釋迦經一目之。故疏此經者，賢首發肇其端，方山深契其旨；在清涼則擇焉而弗精，在溫陵則語焉而未詳，至有謂爲綸貫者，抑末矣！溫陵云：『方山爲主，清涼爲助，』此見最卓，而尊者以爲失宜，似未知溫陵，亦未知方山者！諸不了義經論及別行普賢行願品與起信等論，皆稱說淨土，此豈無因？然華嚴經中未嘗及之，卽方山所第十淨土更晰也。法華鱗差十六王子，內有彌陀，未嘗定爲一尊，其讚持經功德，旁援安樂，實說女人因果。首楞嚴二十五聖證圓通，文殊無所軒輊，但云『方便有多門，』又云『順逆皆方便，』然繼以遲速不同倫，則於無軒輊中又未嘗無所指歸也者？故要極於普門，而不推詡夫勢至，更加貶剝曰無常曰生滅，若夫釋尊祇說大小彌陀不啻足矣。胡爲乎紛紛然三藏十二部爲乎？

賢首清涼諸師亟標小始終頓圓五教，僉以爲允，而未嘗品及淨土。心宗家流尤所蕩掃。大鑒之言且未及詮，更拈一二：如誌公曰：『智者知心是佛，愚人樂往西方。』如齊己禪師曰：『惟有徑路修行，依舊打之遶但念阿彌陀佛，念得不濟事。』又曰：『你諸人日夕在徑路中往來，因恁麼當面蹉過阿彌陀佛？』又曰：『其或準前捨父逃去，流落他鄉，東撞西磕，苦哉阿彌陀佛。』此之三言，或以爲苛，然豈無謂而彼言之？亦必有道矣。古德云：『一切衆生，自己迷悟不同，迷心外見修行覓佛，未悟自性卽是小乘。』又有云：『直下頓了此心本來是佛，無一法可得，此是無上道，此是眞如佛，學道人祇怕一念有，與道隔矣。』又有云：『目前無法，意在目前，他不是目前法，若向佛祖邊學，此人未具眼在，何不向生死中定當，何處更擬佛擬祖替汝生死？有智人笑汝在。』所以達者亟道祇劫辛苦修行，不如一念得無生法忍。又道一念緣起無生，超出三乘權學。況毋論三乘一乘，要之無我我所。今之往生淨土也者，我爲能生，土爲所生，自他歷然，生滅宛然，忻厭紛然，所未及悉。顧從來譚蓮乘者，必曰『華開見佛悟無生，』蓋必待往生而見彌陀，始從觀音若勢至，抑或彌陀誨以無生此時方悟，豈其上品絕少，中下滋多，滯在祇劫，似爲迂遲？矧欲修淨土，亦須先修有無等四四十六觀門，試問所觀者是何軌則？能觀者還有幾人？所以念佛者如牛毛，往生者如麟角，何以反而求之，自有餘佛在也。彼寒山之勖豐干，謂往五臺禮文殊，不是我同流，此在通達佛道者出詞吐氣自別。

且也，一切佛道以金剛般若爲入門，以佛華嚴爲究竟。金剛則曰『實無少法可得；』而佛華嚴所稱佛地二愚，一則曰微細所知愚，一則曰極微細所知愚。所以阿難自道『不歷僧祇獲法身』一識者猶且呵之。故或曰佛瘡，或曰佛魔。文殊暫起佛見，未免貶向二鐵圍？嗟嗟！見河能飄香象，智主不受功德，道人心無住處，蹤跡不可尋，故不歷權乘，獨秉一乘，此則不佞之所為惓惓者也！

彼諸佛諸祖為一分執著我識下劣衆生，以及小乘弟子惟依一意識，計以現在色心等為染淨依者，憫其四大既離，一靈無歸，如失水魚，躑躅就斃，故不得不將錯淨土而安置之，此亦化城之類也。傳有之，若能悟法性身，法性土，要歸於無物，是眞佛土。若華嚴性海所現全身，如人身中有八萬四千毛孔，東藥師，西彌陀，各各在一毛孔中說法度生，人若渙毛孔，徹全身，未嘗不可；儻抛撮全身入一毛孔，不但海漚倒置，而蠅投窗紙，其謂之何？

昨不佞手疏所云為宜淨土人說淨土，為宜華嚴人說華嚴，自謂不悖諸佛法門，亦是為尊者赤心片片；尊者乃欲攛我蓮胎，則昔人所云若捉物入迷津，與夫棄金擔草之謂矣。

更稽之古人有云：『若欲究竟此事，須向高高山頂立，深深海底行；若閨閤中輭暖物捨不得，有甚麼用處？』又有云：『諸經所稱無瞋恨行，此之瞋恨非凡情可比，恨者恨一切衆生皆有如來智慧福相而不自覺，瞋者，瞋吾度脫之未至也。』以故自覺覺他，有世間智，有出世間智，有世出世間上上智，舉以語人，得無違拒，庶幾能利益於人！

遡昔三教聖人出興於世，無不爲一大事，且觀時節因緣，偏者補之，斃者救之，微者顯之，要之以心性開示於人已耳。以今天下拘儒株守傳註，曠士溺意虛玄，餘之手木槵而口彌陀者，自通道大都，迨窮村僻巷，居相望而肩相摩也；尊者又從而和之，非所謂順世情之敎，波隨而風偃者乎？是在不佞不能無疑！而來翰乃稱雖崇淨土，實尚華嚴；又云繇此淨土一門而入華嚴，此如古德所云但爲弘實，而衆生不信，須爲實施權，以淺助深。又云用與適時，口雖說權，內不違實，但使含生得權實諸益也者，則不佞誠契之，祇領之，且羨且慰矣！乃會下聽衆，自杭過蘇者，時時有之，罔弗津津九品間與之言，少說上乘，則駭心瞪目，或更笑之；此其過在弟子耶？在師耶？大丈夫氣宇沖天，而度生爲急，若出世矣，開堂矣，敷座矣，不具大人作略，祇作閭巷老齋公齋婆舉止，忽被伶俐人問著，或明眼人撥著，擬向北斗裏潛身耶？抑鐵圍山裏潛身耶？不見道若大鵬金翅鳥奮迅百千由旬，躡影神駒馳驟四方八極，斷不取次啗啄，亦不隨便埋身，且總不依倚佛法大事，非同小可，願尊者重厝意焉！

來翰又云彌陀不異遮那，是也。第化境化儀各各差殊，蓋諸佛教義通宗因緣，既墮因緣，豈無大小？定有深淺，故謂諸佛爲異，則千佛一佛不可謂異；謂諸佛爲同，則徧照能仁二尊亦自不同。古人以爲一切諸法同異重重，不可一向全同，不可一向全異，不可以全同作全異，不可以全異作全同，迷此同異二門則智不自在。如云擬向白雲蘆花處覓則以溫州橘皮作火得乎？首山念有云：『夫爲宗師，須具擇法眼始得；』所以古來有拈古頌古，又有別古懲古。如云『至道無難，唯嫌揀擇；』又云『至道最難，最要揀擇。』所以華嚴第八地曰寂滅，眞境現前矣，猶云『應起無量差別智；』又云『觀察分別諸法門，』此非作而致其情也。我之鑑覺自性本自圓明，如大寶鏡，胡漢不分而分；如如意珠，靑黃不異而異。若是於諸法中不生二解人，何嘗離却揀擇別求？明白這些道理，便是揀擇不揀擇，所謂善巧分別淸淨智非耶？

方山爲論，淸涼爲疏，皆綜佛乘，共闡圓宗，雖論有論體，疏有疏體，然惟其義，不惟其文，文或殊而義則一耳。如以其義，則見地迥別，淸涼演說諸經，眞善知識，惟於華嚴，其句訓而字釋，豈無補於舍那？其挈領而引維，實弗逮夫棗柏。淸涼棗柏之區別弗明，則盧舍那經之旨要終晦。所謂信解行證四法，裂全經而瓜豆之，此其大者，自餘更多，不佞謂之擇焉弗精，非無以也。儻以爲未然，請更質之於棗柏大士！

學大乘不輕二乘論

空高子問於雲棲曰：『大乘當學歟？』曰：然。

『二乘不當學歟?』曰:然。

『然則二乘可輕歟?』曰:不可。

曰『何謂也?』曰:斯有二義,一則大乘無輕人之心,一則二乘無可輕之理。

曰『某未達,願聞其詳!』曰:常不輕菩薩非所謂大輕者歟?而偏禮四衆,言四衆則下劣凡夫皆舉之矣,況二乘聖人乎?其言曰:『我不敢輕於汝等,汝等皆當作佛』。此大乘菩薩之用心也。不輕細流,所以滄海成其深;不輕土壤,所以泰華成其高;不輕凡庶聖人所以成其德。輕世傲物,世之賢者不爲,而況號爲菩薩者耶?且二乘何如人哉?諸漏已盡,無復煩惱,三明六通,十八神變,是可得而輕否耶?彼輕之者,不知盡幾漏、斷幾煩惱、開幾明、徹幾通、得幾神變耶？以蚊蚋而侮鸞鳳，多見其不知量也，將無曰小聖不及大凡，我菩薩之儔乎？夫大乘菩薩之發心也，非爲一身謀也，爲法界衆生求無上道，乃至經恆沙劫修六度萬行，心無退怯，以無量無邊功德淨佛國土，教化衆生。而聲聞緣覺都無是事，此其所以日劫相倍，霄壤頓殊也。今之自附於菩薩而輕二乘者，不知爲幾衆生發心、修幾度、行幾行、經於幾劫、具幾功德，而淨土利生耶？譬之里閈負舂，身無一命之寄，而自謂爲公侯，傲然陵其郡邑之守令而弗顧，其不遭挫辱而取敗亡者幾希矣！

曰：『教中歎大褒圓，彈偏斥小，至謂聲聞之人勿與同學，勿與問訊者，又何如？』曰：甚哉，子之固也。泥於言而失意，幾於負聖經矣。彼經所云，佛之大慈勸進後學，欲牆塹二乘之徑，而使普遊於大乘之坦途也，非謂二乘之可輕也。猶曰業儒者直學孔子毋學夷惠云爾。非謂夷惠之可輕也。不然。皈依三寶，佛之明訓也，二乘非三寶之列乎哉？尤可歎者，今見孤隱獨行之輩，卽指而曰：此聲聞人也。見營事聚衆之流，卽指而曰：此菩薩人也。噫！涉俗者遽稱菩薩，而避喧者便作聲聞，抑何待聖賢之淺也？由是生大我慢，起大邪解，自以爲是，而鄙薄一切。遇持戒者，則非其執相；遇精進者，則笑其勞形；遇實行者，則謗其愚癡；遇節儉者，則譏其朴陋；遇禪寂者，則毀其枯槁；遇愼訥者，則誚其無知。遂致心日狂而弗收，言彌誕而莫檢，身放逸於規矩準繩之外而無所忌憚。人或詰之，則曰：吾學大乘者也。解圓者不屑乎偏門，悟大者無拘於小節。嗟夫！竊一時之虛名而甘萬劫之實禍，可勝歎哉！

『然則爲今之計，宜何如？』曰：學佛之士，當學菩薩，不可一念而發二乘之心，亦不可一念而生輕視二乘之心！

梵網經心地品菩薩戒義疏發隱序

聞夫心佛衆生，一而已矣。生本卽佛，佛本卽心，心自不生，戒將焉用？自迷心而起於惑海，浩爾難窮；乃因心而建以法門，茫乎無量。

然而法必有紀，事斯可循。繇是無量而約以恆沙，恆沙而約以八萬，又約之則從萬而千，又約之則從百而十，又約之則六度張其大目，又約之則三學總其宏綱；而復融會乎三，捃束爲二。雙配故云定慧，單舉則號毘尼。斯蓋遡流及源，全歸此戒；緣名覓體，惟是一心。心攝也遊念斂而湛寂生；心寂也定力深而慧光發。三學既備，六度自修，無量法門，皆舉之矣。大哉戒也，其一切法之宗歟？顧本其類也，有小乘，有大乘。而別其戒也，曰聲聞，曰菩薩。一則淸修外愼而身絕非爲；一則正觀內勤而心無慝念。一則守己，便名無犯，澤匪旁兼；一則利他，方表能持，道非有我。一則隨事設匡維之制，漸就良模；一則當時陳畫一之規，頓周善法。一則精嚴分齊，局爲僧尼；一則剖破藩籬，統該緇素。一則依制止稱制止，遵故轍而明近功；一則卽律儀超律儀，運神機而樹偉績。體既如是：用胡不然？

其滅惡也，或如朝曦泮冰，遲久而堅凝未動；或如紅爐點雪，剎那而影迹無存。其生善也，或如嬰兒學語，片言而謇乞連朝；或如大造回春，萬卉而萌芽一旦。其度生也，或如流螢燭地，光生跬步而僅爲蟻徑之資；或如杲日麗天，暉映虛空而普作人寰之益。霄壤不足評其勝劣，日劫何所喻其高卑？故知欲入如來乘，必應先受菩薩戒！

繇此戒而發舒萬行，則普賢願王；繇此戒而廓徹孤明，則文殊智母。諸佛所同揚之標幟；千賢所共履之康莊。大哉菩薩戒也！其一切戒之宗歟！

是以舍那面授，妙海親聞。千華之上慈尊，枝枝衍秀；七佛而來譯主，字字傳音。

惜乎雖具全經，未彰妙疏。緬惟智者始創微言，洎我愚夫重披隱義。曠劫波靈臺之祕典，何幸躬逢？數聖人道岸之芳塵，深慚踵接。惟冀流通授受，拂古鏡以維新；遞互承繩，續先燈而廣照。各各悟惟心之佛，而恆以戒攝心；人人了是佛之生，而竟以生成佛。若僧若俗，是人是神，不簡惡道幽途，無論異形殊類，但知聞法，齊登梵網法門；凡厥有心，盡入舍那心地云爾。

高峯大師語錄序

始，予乍閱內典，得經論幷古今雜著共數帙，中有大師語，驚喜信受，如闇逢炬，至於今猶然！蓋自來參究此事，最極精銳無逾師者，眞是純鋼鑄就，一回展讀，一回激發人意氣，俾踊躍淬礪，忘倦，雖悟處深玄，不敢以凡臆窺測，而但覺其直截根原，脫落窠臼。近有慈明妙善之風，遠之不下德山臨濟諸老，偉哉堂堂乎！可謂照末法之光明幢也。

獨恨大藏未收，坊刻尚尠，怏怏於胸中者三十年，邇今以其舊本重壽諸梓。而蓮社行人有相顧耳語者，謂予旋轉萬流指歸淨土，奈何復殷勤稱讚是編，意者念阿彌陀佛不及看萬法歸一耶？遂洶洶搖動。

嗟乎！但了念佛是誰，不必問一歸何處？茲有人焉知生我是父，又自疑身從何來？聞者寧不絕倒？古尊宿云：『如人涉遠，以到爲期，不取途中强分難易。』諸仁者！方便門多，歸元路一，願勿以狐疑玩愒歲時，便應直往疾趨爲到家計；既到家已，千丈巖七寶池，有智主人二俱不受。

往生集序

世尊始成正覺爲諸有情普演佛乘既而機難盡投繇是於一乘中示三乘法，而復於三乘中出淨土一門。今去佛日遠，情塵日滋，進之不能發神解超聖階，退之倀倀乎有淪墜之險，而匪仗此門，其何從疾脫生死？大矣哉！可謂起末世沈疴必效之靈藥也。顧古之效多，今之效尠？其咎安在？則亦口淨土心娑婆，而堅勇明悟不及前輩云爾。

聞昔有傳往生者，歲久滅沒，不可復覩，而斷章遺跡班班互載於內外百家之書，予隨所見，輒附筆劄，仍摘其因果昭灼者，日積之成編，殆存十一於千百而已。今甲申，竊比中峯廛居，掩關於上方；乃取而從其類，後先之，又證之以諸聖同歸，足之以生存感應，計百六十有六條，而間爲之贊以發其隱義，題曰往生集。俾緇素之流覩於是書，將指而曰某也以如是解脫而生，某也以如是純一而生，某也以如是精誠之極感格而生，某也以如是大悲大願而生，某也以如是改過不吝轉業於將墮也而生，某如是上生，某如是中生下生，庶幾乎考古驗今，爲淨業者左劵。

而客有過我者，閱未數傳，勃然曰：『淨土唯心，心外無土，往生淨土，寓言也；子以爲眞生乎哉？甯不乖於無生之旨？』予俟其色定，徐而謂曰：談何容易？如以無生而已矣。一切斷滅，不應尙有唯心，果悟無生，則生亦奚礙？生既本無，故終日生而未嘗生也。且爾已盡漏心否乎？對曰：『不能。』噫！漏心未盡，則生緣未休；生緣未休，則託質有所。茫茫三界大苦海中，不生淨土而生何土？六道之匍匐，九品之逍遙，利與害，天淵矣，抑未之思歟？飾虛論而爭高，吾亦能之，所以弗爲者，夫亦懼生於識法耳。行矣，爾誠不以予言爲非，卽淨土而之佛乘，蓋未嘗間隔絲毫，而奚乖之有？客悚然從坐而作，惘然而自失，不覺其汪然泣下而悲且咽也。整衣莊誦之終卷，亟拜亟請梓焉；梓既成，道其始末如此。

緇門崇行錄序

僧問：『沙門奚事？』曰：『事道。』

『事道孰爲本？』曰：『德行爲本。』

僧云：『甚矣！子之固也，利以慧入，鈍以福修，沙門者取慧焉，足矣，德行奚爲？』

予曰：先民有言：『德行本也。』又云：『士之致遠者，先器識。』況無上菩提之妙道，而可以受非其器乎哉？師子之乳，匪瑠璃瓶貯之，則裂。舉萬鈞之鼎，而荷以一葉之舟，不顚趾而溺者，幾希矣。今沙門稍才敏，則攻訓詁業，鉛槧如儒生。又上之，則殘摭古德之機緣，而逐聲響捕影跡，爲明眼者笑。聽其言也，超佛祖之先，稽其行也，落凡庸之後。蓋末法之弊，極矣！予爲此懼，集古善行，錄其要者，以十門羅之。何者？離俗染之謂僧，故清素居其首，清而不嚴，狂士之清也。攝身口意，是諸佛教，故受之以嚴正；嚴正繇師訓而成，師者，人之模範也，故受之以尊師。親生而後師教，遺其親，是忘本也。戒雖萬行，以孝爲宗，故受之以孝親。忠孝無二理，知有親不知有君，私也。一人有慶，而我得優游於林泉，君恩莫大焉，故受之以忠君。忠盡於上，交而惠乏之於下及，則兼濟之道虧，故受之以慈物。慈近於愛，愛生著，出世之礙也，故受之以高尙，高尙非潔身長往而捨衆生也，欲其積厚而流光，故受之以遲重，遲重而端居，無爲不可也，故受之以艱苦。勞而無功，則苦難而退，因果不虛，故受之以感應終焉。十行修而德備，則任法之器也。地良矣而後佳種投；心醇矣而後至言入。無上菩提，庶可希冀！不然，一鄙夫耳，入道未全，焉知佛道？卽使利根多慧，而慧彌多障彌重，將安用之？

僧云：『吾法一塵不立，十行何施？』予曰：五蘊紛紜，四大叢沓，何謂無塵？僧云『四大本空，五蘊非有。』予與一掌曰：學語之流，如麻似粟，未在更道。僧無對，艴然而起。予笑曰：蔽面塵埃，子何不拭，愼之哉！毋升高不自卑，無妄談般若，自取殃咎，無醉於虛名，修其德，殫其精誠，以致力於道；力極而心通，然後知不撥萬行，不受一塵，終日不空，終日不有，夫是之謂眞慧，願吾子究心焉！

予未聞道，兼薄於德，今爲此書，惟務救時弊而酬佛恩耳。明達之士苟不因人棄言，幸展轉以告夫禪者！

自知錄序

予少時，見太微仙君功過格而大悅，旋梓以施。已而出俗行脚，匍匐於參請。暨歸隱深谷，方事禪思，遂無暇及此。今老矣，復得諸亂帙中，悅猶故也，乃稍爲刪定，更增其未備而重梓焉。

昔仙君謂凡人宜置籍臥榻，每嚮晦入息，書其一日功過，積日而月，積月而年，或以功準過，或以過準功，多寡相讐，自知罪福，不必問乎休咎。

至矣哉言乎！先民有云：人苦不自知，唯知其惡，則懼而戢；知其善，則喜而益自勉。不知，則任情肆志，淪胥於禽獸，而亦莫覺其禽獸也。

茲運心舉筆，靈臺難欺，邪正淑慝，烱乎若明鏡之鑒形。不師而嚴，不友而諍，不賞罰而勸懲，不蓍龜而趨避，不天堂地獄而升沉，馴而致之，其於道也何有？因易其名曰自知錄。

是錄也，下士得之，行且大笑，莫之能覩，奚望其能書？中士得之，必勤而書之。上士得之，但自諸惡不作，衆善奉行。書可也，不書可也。何以故？善本當行，非徼福故；惡本不當作，非畏罪故。終日止惡，終日修善，外不見善惡相，內不見能止能修之心。福且不受，罪亦性空，則書將安用？剡二部童子六齋諸天，幷世所稱台彭司命，日遊夜遊，予司奪司，元會節臘等，昭布森列，前我後我左右我，明目而矚我，政使我不書，彼之書固已密繭絲而析秋毫矣。雖然，天下不皆上士，即皆上士，其自知而不書，不失爲君子；不自知而不書，非冥頑不靈，則剛愎自用云爾。人間顧可無是錄乎？

是故在儒爲四端百行，在釋爲六度萬行，在道爲三千功八百行，皆積善之說也。彼罷緣灰念之輩，以自爲則無論矣。如藉口乎善惡，都莫思量，見有勤而書之者，漫呵曰：惡用是矻矻爾煩心爲？則其失非細。嗟乎世人！夏畦於五欲之場，疲神殫思，終其身不憚煩，而獨煩於就寢之俄頃，不一整其心慮，亦惑矣。書勤三省，夜必告天，乃至黑荳白荳，賢智者所不廢也，書之庸何傷？

戒殺文

世人食肉，咸謂理所應然，乃恣意殺生，廣積冤業，相習成俗，不自覺知！昔人有言可為痛哭流涕長太息者是也。計其迷執，略有七條，開列如左，餘可例推云。

凡有知者必同體，人之食肉大是怪事，然不以為怪者，良繇家世襲而為常，鄉里比而成俗，習行既久，不覺其非，反以為是，又奚怪乎？今有殺人而食者，人必大駭而亟誅之，何也？不習行故也。使殺人無禁，行之數年，以人肉而供庖廚者徧於天下矣，故曰舉世習行而不覺其非，可為痛哭流涕長太息者是也！

一曰生日不宜殺生：哀哀父母，生我劬勞，己身始誕之辰，乃父母垂亡之日也！是日也，正宜戒殺持齋，廣行善事，庶使先亡考妣，早獲超昇，見在椿萱，增延福壽；何得頓忘母難，殺害生靈，上貽累於親，下不利於己？此舉世習行而不覺其非，可為痛哭流涕長太息者一也！

唐太宗萬乘之主，生日尚不為樂，田舍翁多收十斛粟，乃賀客盈門，歡宴累日，不知其可也。今世有生日飯僧誦經修諸善事者，其賢乎哉！

二曰生子不宜殺生：凡人無子則悲，有子則喜，不思一切禽畜亦各愛其子，慶我子生，令他子死，於心安乎？夫嬰孩始生，不為積福，而反殺生造業，亦太愚矣！此舉世習行而不覺其非，可為痛哭流涕長太息者二也！

一獵人暮夜大醉，視其幼子為獐，礪刃將殺之，妻泣諫不聽，竟剖其腹，出其腸。已而安寢。天明，呼其子與入市鬻獐肉，妻哭曰：昨汝所殺者子也，其人舉身自擲，五內崩裂；噫！人畜雖殊，愛子之心一也，安可殺歟？

三曰祭先不宜殺生：亡者忌辰，及春秋祭掃，俱當戒殺以資冥福，殺生以祭，徒增業耳。夫八珍羅於前，安能起九泉之遺骨而使之食乎：無益而有害，智者不為矣！此舉世習行而不覺其非，可為痛哭流涕長太息者三也！

或曰梁武帝以麪為犧牲，世譏其使祖宗不血食；！血食未必珍，蔬食未必惡，為人子者，貴乎慎修其身，而不獲先宗祀斯善矣，奚取於祀之必用血也？禴祭勝於殺牛，易垂明訓，牲養猶為不孝，聖有嘉謨，奚取於祀之必用血也？

四曰婚禮不宜殺生；世間婚禮，自問名納采以至成婚，殺生不知其幾？夫婚者，生人之始也，生之始而行殺，理既逆矣，又婚禮吉禮也，吉日而用凶事，不亦慘乎？此舉世習行而不覺其非，可爲痛哭流涕長太息者四也！

凡人結婚，必祝願夫妻偕老；爾願偕老，禽獸願先亡乎？嫁女之家，三日不息燭，思相離也；爾以相離爲苦，禽獸以相離爲樂乎？信乎婚之不宜殺矣！

五曰宴客不宜殺生：良辰美景，賢主佳賓，蔬食菜羹，不妨清致，何須廣殺生命，窮極肥甘，笙歌饜飫於杯盤，宰割冤號於砧几！嗟乎！有人心者能不悲乎？此舉世習行而不覺其非，可爲痛哭流涕長太息者五也！

若知盤中之物從砧几冤號中來，則以彼極苦，爲我極歡，雖食且不下咽矣！可不悲乎。

六曰祈禳不宜殺生：世人有疾，殺牲祀神以祈福祐，不思己之祀神，欲免死而求生也；殺他命而延我命，逆天悖理，莫甚於此矣！夫正直者爲神，神其有私乎？命不可延，而殺業具在，種種淫祀，亦復類是。此舉世習行而不覺其非，可爲痛哭流涕長太息者六也！

藥師經云：「殺種種衆生，解奏神明，呼諸魍魎，請乞福祐，欲冀延年，終不可得。」所謂命不可延，殺業具在也。種種淫祀，如殺生求子，殺生求財，殺生求官等，及其得子得財得官，皆本人分定，非鬼神所爲也。偶爾滿願，遽謂有靈，信之彌堅，行之愈篤，邪見熾然，莫可救療，悲夫！

七曰營生不宜殺生：世人爲衣食故，或畋獵，或漁捕，或屠宰牛羊豬犬等，以資生計，而我觀不作此業者，亦衣亦食，未必其凍餒而死也！殺生營生，神理所殛，以殺昌裕，百無一人。種地獄之深因，受來生之惡報，莫斯爲甚矣！何苦而不別求生計乎此舉世習行而不覺其非，可爲痛哭流涕長太息者七也！

親見屠羊者垂死而口作羊鳴，賣鱔者將亡而頭如鱔嚙，此二事近在鄰居，卽非傳說，我勸世人，若無生計，寧丐食耳，造殺而生，不如忍饑而死也。吁！可不戒哉？

如上所列，甚拂常情，達人覽之，必以爲確論。儻能全戒，善莫加焉！其或不然，量力除減，或去四五，或禁二三，除一事則消一業，減一殺則杜一冤。若未能斷絕腥羶，且先應市買見物，不加親殺，亦免大愆，積養慈心，漸入佳境。得斯文者，更望展轉流通，遞相勸化，能勸一人不殺，如救百萬生靈，勸至十人百人，以及千萬億衆，陰功浩大，善果無窮，但肯信行，決不相賺！

放生文

蓋聞世間至重者生命，天下最慘者殺傷！

至重有二：一者、世人於金寶官爵妻子，以至己身，皆其所重。然不可得兼，則重之中必取其尤重者，是以為救己身，不吝金寶；為救己身，不惜官爵；為救己身，不顧妻子；故云至重。二者、凡厥有生，皆能作佛，則生為佛種，故云至重。最慘者，如捶打等，雖皆苦事，未至斷命；惟殺最慘！

是故逢擒則奔，蟣虱猶知避死；將雨而徙，螻蟻尚且貪生。

因命至重，為全命故；因殺至慘，為逃殺故。是以蟣虱螻蟻，皆知避死貪生，微命尚然，大者可知也！

何乃網於山，罟於淵，多方掩取；曲而鉤，直而矢，百計搜羅？

一切衆生既皆避死貪生，何乃昧此良心，行諸毒事？網擒山獸，罟覓淵魚，俯水垂鉤，仰空發矢，以至暗施陷穽，密設牢籠，百計多方，莫能盡舉，良可歎也！

使其膽落魂飛，母離子散！

如上網罟鉤矢，見之驚怖，則魂膽飛揚；中之喪亡，則母兒離散。如人遭亂世，兵火臨身，一何異乎？

或因籠檻，則如處囹圄；或被刀砧，則同臨剮戮。

幽繫之，則禁錮不異囹圄；宰割之，則痛苦同於剮戮。設以身處，當何如其爲情也？

憐兒之鹿，舐瘡痕而寸斷柔腸；畏死之猿，望弓影而雙垂悲淚！

憐兒之鹿者，許眞君少時好畋獵，一日射中一鹿，鹿母爲舐瘡痕，良久不活，鹿母亦死；眞君剖其腹視之，腸寸寸斷，蓋爲憐子死，悲傷過甚，至於斷腸，眞君大恨悔過，折弓矢，入山修道，後證仙品，拔宅飛昇。此證上文母子離散意。畏死之猿者，楚王與養繇基出獵，遇猿，令射之。猿望見繇基，卽淚下，蓋猿臂柔捷，能接飛矢，繇基神射，矢到之處，臂不及接，知其必死而悲也。此證上文魂膽飛揚意。

恃我强而陵彼弱，理恐非宜？食他肉而補己身，心將安忍？

觀上二事，則知殺生甚所不應！且世人謂禽獸之肉人所應食，不知皆是强陵弱耳。不然，猛虎食人，亦將曰人之肉虎所應食乎；螳螂食蟬，雀食螳螂，鷹鸇食雀，弱之肉，强之食，此理甚明，當不疑也。又世人謂蔬食者瘠，肉食者肥，爲肥己身，不念他苦，人心安在哉？

繇是昊天垂憫，古聖行仁。

繇世迷故，殺氣動天，而天本好生，常示下民，下民不知，是以殺生太重，則雨暘不時，刀兵災起；人修善事，則年歲豐登，海宇寧謐，世人殺生，是逆天也。古之聖人，因此上順天心，下悲物命，行仁救濟，事見下文。

解網著於成湯，畜魚興於子產。

解網者，商王成湯出遇獵人布四面網，祝曰：『從天來者，從地來者，從四方來者，皆入吾網。』湯爲解三面，止留其一，改祝曰：『欲左者左，欲右者右，欲上者上，欲下者下，不用命者乃入吾網罟魚者！鄭大夫子產，人有饋之生魚者，子產不食，令校人畜之池中。觀此二事，則知放生非獨佛教，儒中君子無不奉行。

聖哉流水，潤枯槁以囊泉；悲矣釋迦，代危亡而割肉。

囊泉者，金光明經流水長者子，出見十千遊魚，困涸水中，將欲危斃，用象囊水，傾注得全；復為說法，魚命過，皆生天上。割肉者，釋迦牟尼佛往昔為菩薩時，遇鷹逐鴿，鴿見菩薩，投身避難，鷹語菩薩：「爾欲救鴿，奈何令我饑餓而死？」菩薩問鷹：「汝須何食？」鷹答：「食肉。」菩薩割臂肉償之。鷹欲肉與鴿等，菩薩割肉，彌割彌輕，至肉將盡，不能等鴿。鷹問：「生悔恨否？」菩薩答言：「吾無一念悔恨，若此語不虛，當令吾肉生長如故。」立誓願已，身肉如故，鷹化天帝身，空中禮拜讚歎。

天台智者鑿放生之池；大樹仙人護棲身之鳥。

鑿池者，天台智者大師，諱智顗，隋煬帝號為智者，曾鑿池勸人放生。又不但智者，古來多有此事，今西湖亦古放生池也；世遠人亡，時更法壞，漁火星飛於水面矣。悲夫！護鳥者，古有仙人，常坐一大樹下，思禪入定，有鳥棲其懷中，恐驚鳥故，跏趺不動，候鳥別棲，然後出定，慈物之心一至於是！

贖鱗蟲而得度，壽禪師之遺愛猶存；救龍子而傳方，孫眞人之慈風未泯。

贖鱗蟲者，永明大師，諱延壽，吳越王鎮杭，師爲餘杭縣庫吏，屢以庫錢買魚蝦等物放之，後坐監守自盜，法當棄市，王頗知其放生也，諭行刑者觀其辭色，以覆。師臨死地，面無戚容，人怪之，師曰：「吾於庫錢毫無私用，盡買放生命，莫知其數；今死，徑生西方極樂世界，不亦樂乎？」王聞而釋之，乃出家爲僧，修禪禮懺，得無礙辯才。師涅槃後，有僧入冥，見閻羅王時時出座禮一僧像，問之，則陽間永明壽禪師也，已生西方上品上生，王敬其德，故時禮耳。救龍子者，孫眞人未得仙時，出遇村童擒一蛇，困憊將死，眞人買放水中。後默坐間，一青衣來請，隨而赴之，至一公府，則世所謂水晶宮也；王者延置上座，曰：「小兒昨者出遊，非先生則幾死矣。』設宴畢出種種珍寶爲謝，眞人辭不受曰：『吾聞龍宮多祕方，傳吾救世，賢於金玉多矣。』王遂出玉笈三十六方，眞人繇此醫術彌精，後證仙品。

一活蟻也，沙彌易短命爲長年，書生易卑名爲上第。一放龜也，毛寶以臨危而脫難，孔愉以微職而封侯。

活蟻二事：一短命長年者，昔有沙彌侍一尊宿，尊宿知沙彌七日命盡，令還家省母，囑云：七日當返，』欲其終於家也。七日返，師怪之，入三昧勘其事，乃還家時路見羣蟻困水，作橋渡之，蟻得不死，繇此高壽。二卑名上第者，宋郊宋祁兄弟也，俱應試，郊嘗見羣蟻爲水所浸，編竹橋渡之。時有胡僧覩其貌，驚曰：『公似曾活數百萬命者。』郊對：『貧儒何力致此。』僧云：『不然，凡有生者皆命也。』郊以活蟻對。僧云：『是已，公弟當大魁，多士然公亦不出弟下。』後唱名，祁果首選，朝廷謂不可以弟先兄，改祁第十，以郊爲第一；始信僧言不妄云。

放龜二事：一臨危脫難者，毛寶微時，路遇人攜一龜，買而放之。後爲將，戰敗赴水，覺水中有物承足，遂得不溺；及登岸，則承足者前所放龜也。二、徵職封侯者，孔愉本一卑官，亦會放龜，龜浮水中，頻回首望愉，然後長逝。後愉以功當侯，鑄印時，印上龜紐，其首回顧，毀而更鑄，鑄之數四，模直首偏，迴顧如舊，鑄者大怪，以告愉，愉忽憶放龜之時，龜首迴顧，恍然悟封侯者放龜之報也。

屈師縱鯉於元村，壽增一紀；隋侯濟蛇於齊野，珠報千金。

縱鯉者，屈師於元村遇一赤鯉，買放之。後夢龍王延至宮中，謂曰：『君本壽盡，以君救龍，增壽一紀。』濟蛇者，隋侯往齊國，路見一蛇，困於沙磧，首有血出，以杖挑放水中而去。後回至蛇所，蛇銜一珠向侯，侯意不敢取，夜夢脚踏一蛇，驚覺，乃得雙珠。

拯已溺之蠅，酒匠之死刑免矣；捨將烹之鼈，廚婢之篤疾瘳焉。

拯蠅者，一酒匠見蒼蠅投酒甕，即取放乾地，以灰擁其體，水從灰拔，蠅命得活，如此日久，救蠅數多，後爲盜通，無能自白，獄將成，主刑者援筆欲判決，蠅輒集筆尖，揮去復集，判之莫得因疑其寃，詳問之，則誣也。呼盜一訊而服，遂得釋歸。噫！亦異矣哉！捨鼈者，程氏夫婦性嗜鼈，一日偶得巨鼈，囑婢修事，時暫出外。婢念手所殺鼈，不知其幾，今此巨鼈，心欲釋之，吾甘受箠撻耳，遂放池中。主回索鼈，對以走失。遂遭痛打；後感疫疾將死，家人舁至水閣以俟盡命。夜忽有物從池中出，身負濕泥，塗於婢身，熱得涼解，疾乃甦愈。主怪不死，詰之，具以實對，主不信；至夜潛窺，則向所失鼈也。闔門驚歎，永不食鼈！

贖死命於屠家，張提刑魂超天界；易餘生於釣艇，李景文毒解丹砂。

贖命屠家者，張提刑常詣屠肆，以錢贖物放之。後臨終時，語家人言：「吾以放生，積德深厚，今天宮來迎，當上生矣。」安然而逝。易生釣艇者，李景文常就漁人，貨其所獲，仍放水中。景文素好服食，常火煉丹砂餌之，積熱成疾，疽發於背，藥莫能療，昏寐之中，似有群魚濡沫其毒，清涼快人，疾遂得瘥。亦鼈報廚婢之類也。

孫良嗣解矰繳之危，卜葬而羽蟲交助；潘縣令設江湖之禁，去任而水族悲號。

解矰繳之危者，孫良嗣遇禽鳥被獲，輒買縱之。後死欲葬，貧莫能措，有鳥數百，銜泥塋壘，觀者驚歎，以爲慈感所致。設江湖之禁者，縣令潘公，禁百姓不得入江湖捕魚，犯者加罪。後去任，水中大作號呼之聲，如喪考妣，人共聞之，莫不歎異！

信老免愚民之牲，祥符甘雨；曹溪守獵人之網，道播神州。

免牲者，信大師遇時亢旱，民殺牲請雨，師憫其愚，謂曰：『汝能去牲勿用，吾爲汝請。』民允之，師乃精誠以禱，甘雨驟降，遠近多感化者！守網者，六祖既佩黃梅心印，以俗服隱於獵人，獵人令守網，祖瞰其亡也，獐兔之類可放者輒放之，如是一十六年；後坐曹溪道場，廣度羣品，燈分五宗，澤垂萬世焉。

雀解銜環報恩，狐能臨井授術。

雀銜環者，楊寶幼時，見黃雀爲梟搏墜地，復爲螻蟻所困，取而畜諸笥中，給以黃花，痊乃放去。夜夢黃衣童子拜謝，贈玉環四枚曰：『我王母使者，荷君濟命，願君子孫潔白，位列三公，亦如此環矣。』後四世貴顯。狐臨井者，一僧素無賴，聞黃精能駐年，欲試其驗，置黃精於枯井，誘人入井，覆以磨盤，其人在井，遑迫無計，忽一狐臨井，語其人言：『君無憂，當教汝術，我狐之通天者，穴於塚上，臥其下，目注穴中，久之則飛出，仙經所謂神能飛形者是也。君其注視磨盤之孔乎？吾昔為獵犬所獲，賴君贖命，故來報恩耳，幸毋忽也！』人用其計，旬餘從井飛出。僧大喜，以為黃精之驗，乃別衆負黃精入井，約一月，開視，至期視之，死矣，僧蓋不知前人得出者狐之力也，悲夫！

乃至殘軀得命，垂白璧以聞經；難地求生，現黃衣而入夢。

白璧聞經者，予掛搭一庵，有人擒蜈蚣數條，以竹弓弓其首尾，予贖放之，餘俱半死，惟一全活，急走而去。後共一友夜坐，壁有蜈蚣焉，以木尺從傍極力敲振驅之使去，竟不去，予曰：『昔所放得非爾耶？爾其來謝予耶？果爾，吾當為爾說法。』爾諦聽毋動。乃告之曰：『一切有情，惟心所造，心狠者化為虎狼，心毒者化為蛇蝎，爾除毒心，此形可脫也！」言畢分去，則不待驅逐，徐徐出窗外，友人在坐，驚歎希有，時隆慶四年事也。黃衣入夢者，杭州湖墅干氏者，有鄰家被盜，女送鱔魚十尾，為母問安，畜甕中忘之矣。一夕夢黃衣尖帽者十人長跪乞命，覺而疑之，卜諸術人，曰：「當有生求放耳。」徧索室內，則甕有巨鱔在焉，數之正十，大驚，放之，時萬曆九年事也。

施皆有報，事匪無徵。

諸放生者，或增福祿，或延壽算，或免急難，或起沈痾，或生天堂，或證道果，隨施獲報，皆有徵據；然作善致祥，道人之心豈望報乎？不望報而報自至，因果必然，辭之亦不可得耳。放生者宜知之！

載在簡編，昭乎耳目。

明有徵也，如上所錄，遠則載在簡編，有典有據，近則昭乎耳目，共見共聞。考古驗今，定非虛語。

普願隨所見物，發慈悲心，捐不堅財，行方便事！

此下普勸世人隨所見生命發慈悲心，繇是捐捨世財，作斯方便。財不堅者，謂水得漂，火得焚，官得取，盜得劫，危脆無常，非堅物也。捐此作福，所謂以不堅財易堅財也。若無財者，只發慈悲心亦是福德。或勸他人放生，或見人放生，讚歎隨喜，增其善念，亦是福德。

或恩周多命，則大積陰功；若惠及一蟲，亦何非善事？

有力者恩周多命，固陰功也；無力者惠及一蟲，亦善事也。毋曰小善爲無益而勿爲也。世有不明此理者，必擇身細數多之生方肯買放，路遇大生，目視而過，此則惟貪自己之福，非憫衆生之苦也，其福甚少，戒之戒之！

苟日增而月累，自行廣而福崇。

善無大小，惟貴久長，日日增之，月月累之，善多則行廣，行廣則福崇矣。

慈滿人寰，名通天府。

慈功久積，徧滿寰區，人情既孚，天心必眷。或謂穹蒼渺邈，何得相通？不知天王以六齋之日巡狩人間，有善必知，無惡不察。又人行十善則天勝，人行十惡則脩羅勝，故天帝時時欲人爲善，一人爲善，飛天神王報達天京，經有明文，非臆說也！

蕩空寃障，多祉萃於今生；培漬善根，餘慶及於他世。

放而不殺，與物無寃，非惟安樂今生，以此善根，當來之世，長壽永福，乃至成佛，萬類有情，傾心歸附，皆餘慶也。

儻更助稱佛號，加諷經文，

遇生能放，雖是善功，但濟色身，未資慧命，更當稱揚阿彌陀佛萬德洪名，諷誦大乘諸品經典。然雖如是，但凡買生火急須放，諷經不便，只以念佛相資。若隔宿買而來朝始放，或清晨買而午後猶存，必待陳設道場，會集男女，遷延時久，半致死亡，如是放生虛文而已！

爲其回向西方，令彼永離惡道。

念佛功德，願諸生命盡此報身，往生西方極樂世界，蓮華化生，入不退地，永離惡道，長息苦輪。惡道者，六道之中，三道爲惡，地獄、餓鬼、畜生是也。

則存心愈大，植德彌深；

見苦放生，所存者善心也，今則是大菩提心矣，故云愈大。放生得福，所植者世間之德也，今則是出世之德矣，故云彌深。

道業資之速成，蓮臺生其勝品矣！

心大德深，其事何驗？盡利他者菩薩之行也。以此行門助修道業，譬如船得順風，必能速到涅槃彼岸矣。淨業三福，慈心不殺實居其一，今能不殺，又放其生，旣能放生，又以法濟令生淨土，如是用心，報滿之時，九品蓮臺高步無疑矣！普勸世人，幸勿以我德薄人微而不信其語也！

題殺生炯戒

論禽

雞之育其雛也，鷹隼下於空，則奮翼而號呼以護其子。今人愛子亦然。乃日俟其雛之肥以脂也而殺食之，可乎？雞特力不能敵人，而恨可知矣。況復食雞之不足而食鵝鴨，食鵝鴨之不足而食及於飛空之雀鴿，人生食止一飽，何無厭一至於是？悲夫！

論獸

虎食羣獸，人共惡而捕之戮之，然虎有經旬月而不得一獸之食者；人烹宰無虛日，牛羊犬豕麂鹿獐兔之類不知其幾也，人之當捕而戮也甚於虎矣。悲夫!

論鱗介

人自謂應食肉，不知彼此相食者，皆强陵弱也。故虎强於人則食人，然虎有時爲人所食，猶迭相勝負也。誰有能食龍者？弱之肉，强之食，甯不信然。是故龍不可陵也，魚可陵也而食之，鰍也、鱔也、鰻也、螺蛤蝦蟹龜鼈也，可陵也而食之，蓋與螳螂食蟬雀食螳螂等耳。人也而甘心乎螳螂。悲夫!

論蟲

蜂蟻之勿殺易矣，蠶則爲用甚大，自古及今莫之能廢也，如之何？噫!夏之衣可葛也，冬之衣可花也，冕可麻，袍可布也，蠶奈何其不可廢也？羅綺嚴身，蓋祇取其華飾耳，不羅綺固無害，而乃納百千萬億生靈於鑊湯之中，抽其腸肚以爲吾嚴身之具，忍乎哉！或又曰：蜂蟻之勿殺宜矣，蚊蝨哂我，如之何？噫！蚊可帳而避也，蝨可放也；奈何蚊蝨之必不可貸也？悲夫？

重修上方寺鑿放生池記

武林自宋蹕南駐，環湖山禪講律寺粲然棋布星列，而郭以內稱焉。迨今多半淪沒，至不可考。諸傳志有上方寺者，背倚城垣，左右掖涌金錢塘二門，前通西井官道。蓋肇建後梁貞明七年，而國朝景泰四年，僧以難事作，散去，寺隨廢，漸蠶食爲民居，僅存者什一。優婆塞沈善能者廬其中，嘉靖二十三年，尙寶卿六橋徐公得請於官，佃爲圃。公無子，以畀女，遺命還寺，女孝且賢，持契歸王氏，遵父囑以畀雲棲，遂復爲僧地如初。無何，王謝世，居士化卿宋君聞其義而高之。化卿以世祿之裔，砥德礪行，樂善不厭，迺輸金贈二子，更與之契；予亦罄衣資，偕善信旁贖其故址若干。向明正位，別爲迴廊，旋所向面城而門，取幽寂也。期世世承事三寶，因諗於衆曰：唯上方彈丸重興，伶仃衰微，何修何營而俾久遠？或議闢草萊，輪奐其殿堂，羣之以僧，僧多則常住。予以爲不然，時丁末法，塔寺靡堅，試屈指而計，凡三門乎闤闠者，揵椎之庭不爲罇壘之所能幾，僧雖多而行寡，奚以多爲？顧茲地鄰城，城鄰湖，湖外高而城內卑，隨鋤成流，亢陽所不能涸，因而池之良便，以池放生，以隙地之敝室，稍葺其莛楹，守以二三誠信衲子，早莫禪誦，庶幾上祝皇圖，下濟含識，得之一舉矣。

或謂物如塵如沙，池一勺耳，容有限，奈何？而庸知夫鑿斯池也，爲之

兆也，弄引也，引而伸之，而又伸之汪然偏域中矣。昔子產之畜魚，一勺也，
使鄭之人若大夫若士若民皆然，鄭之與國若燕趙齊楚輩皆然，則池無
量，所畜無量。不然，西湖古放生池也。謂普容天壤間物，甯有是乎哉？化卿
曰：唯唯。與其仲直卿諸賢士夫諸比丘淨人，有呈財者，裹糧者，疏其壘而
鍬者，畚者，梩者，枯橫泉之撓而戽者，欅者，埭者，固隄防之浸淫崩頹而埤
者，堙者，硯者，礪者，捍貍與獺而蘇者，閑其外侮而版築者，憂其暑寒而上
爲之廡下爲之窗者，皇皇乎晝胼宵胝，勞不知息，兼工再閱月而池成。於
時在筌而釋，當釜而逸，洋焉悠焉，出而遊焉。一勺之內，足其從容也。

予喜且懼，稽首而告於十方如來，主池神，主伽藍神，願以佛力法力
賢聖力諸神誓願力，慈護而威臨之。從於今日，盡未來際，常爲鱗介諸水

族等棲止安宅。

又稽首而告於見住僧，後後住僧，願以戒力悲智力，念流水之苦躬而澤焦殤，天台之抗章而斷簄梁，智覺之負辜成仁，蹈白刃而不悔，尙永持無斁以風四方。敢有叛先盟，師陶朱，媒利於網罟，或倍衆而售之乎白衣，而名違佛律，犯波羅夷，諸所稱釋子者，鳴以羯磨，擯絕之，勿共住。卽朋比而阿，神必陰繫其魂，顯僇其形，無能逃者，脫免焉，其報盡也，墮泥犁中，嬰萬苦無竟。所以者何？好生惡死，天道也，人情也，前人捐難捨之貲，役所愛之身，創五濁世不恆見之勝舉，以生必死之命，置之安全；後人忍不一深思之，而惟便其私圖，於天道逆，於人情不祥。從逆凶不祥者災逮，鼓桴形影，感應自然，非危言怖之也。

化卿及諸大衆踊躍歡喜，歎未曾有，作而曰：善哉？是緇與素之龜鏡也，不可使無聞於末法也，而碑上方。頌曰：

始舉爲興滅，而兼得放生，豈唯滅不滅，生亦無生相。生滅俱滅已，寂滅何有方？以明超於方，無方中說上。無方說西方，其意亦如是。作寺作池人，願共了斯旨！

萬歷二十八年普門示現日記。

北門長壽菴放生池記

西湖古放生池也，法久而敝；實亡名存；敝之久而安焉，恆產乎水族，併迷其名若罔聞者。

歲在乙未，予演圓覺於佛國山之南屏，南屏故有池當其三門，一時主會諸名公捐貲贖而出之，植蓮其中，斷魚業，人繇是知放生池爲武林舊事。

既而予復鑿池上方，既而北門有園，園有池，復贖之，園距上方南北相望者半拘盧舍，而城之內有二放生池矣。

頃予碑上方，謂以是爲之兆，兆且引而蔓延之，顧予德微年衰，不足以風，未知繼此而興起者更幾池也？

上方苦隘，僅爲池，餘少叢竹，羽蟲之獲遑其生者，聊以依止。茲頗閒曠，池聯比，擴之，則瀸然成浸，水涵而土出；壘之，則巃然成山；循而界之，則幽然成徑。相其宜而樹之竹木，則鬱然蔭而成林。將使嚶嚶洋洋，樂而相忘，雖無由擬飛泳亭之萬一，而猶冀想像其遺蹤，則上方所不遠也。

園以東，爲興福禪院，旋而南，爲養濟院，又旋而西，爲得一道院。養濟昔號悲田，聖主賢臣哀煢民之顚連而無告者設也。今之困餚餌，伏質於刀砧，必不可逃而待烹，其無告尤甚。貿而畜之池，縱之林，俾終保殘壽，悲孰加焉。佛示三福云：慈心不殺，而五福於箕疇，亦壽爲其最，瀕殺而重壽之，福孰加焉。天地之大德曰生，舜之德曰好生，德一而已。上淸下甯，侯王所以配兩間之久長，貞萬物之壽命者，恆於斯德，孰加焉。儒道釋三聖人之偉蹟，鼎峙夫三方，若環拱然，而園介乎其中，是曲阜之仁里，摩竭之慈室，西華長生葆眞之靈宅，天合而冥鄰也，豈偶然之故歟？

夫救生之滅也而有生，求其生而未嘗生也而無生。無生，然後無不生，則生滅一；生滅一，則福興於無相，悲濟於無緣。福不可得，悲不可得，一亦不可得，唯法性常住，不斷不續，同於虛空。彼梵網以放生爲常住法，常住者，金剛身無量壽也。迺菴其園曰長壽。而園有荒廬數楹，飭治之，爲供接引導師及當來慈氏尊像，蓋津梁所放一切含靈先生安養息輪迴苦，後於龍華而得授記也。

廬止是，無增多，以淨戒僧守之。守之之方，具如上方記中語。

時里之父老聞予言，前執予手歔然太息曰：『園之源吾勿知之矣，吾猶及見二禪人居焉，向稔其古爲伽藍，而業已蔬圃，莫返厥初，吾何圖重覩今日也？』

是役也，始其事者，予與化卿宋君，而諸上善人樂助而成斯美利者，得例書碑左云。

萬曆二十八年歲次庚子佛誕日記。

重修雲棲禪院記

杭府治南連大江，西引明聖二湖，萬山遶湖而絡繹江滸，遡江西上行二十餘里，山名五雲，先是山之顚有五色瑞雲盤旋其上，因以名山。已而五雲飛集山西塢中，經久不散，時人異之，號爲雲棲塢宋乾德五年，有僧結菴以居。塢多虎，僧至，虎輒馴伏，世稱伏虎禪師者是也。吳越王錢氏爲之建寺，而雲棲於是創始矣。禪師一號大扇和尙，諱志逢，初築室五雲之頂，天禧中，降勅賜眞濟院，遂幷闢雲棲天池二院而成三刹。後治平二年，改號棲眞。今日雲棲者，復古也。

雲棲居五雲之西，徑曲林幽，四山圍合，蒼翠樅然。東岡而上有壁觀峯，峯下出泉名青龍泉，迤邐下中峯之傍復出一泉，名勝義泉，又下而西岡之麓復出一泉，名金液泉，筧引涓涓，潔冽甘芳，汲灌不竭。獨以荒僻寥落，人跡罕至，非忘形死心者莫能居焉。

紹興初，有余知閣者扈蹕南渡，隱於寺側，後捨宅歸寺。聖朝弘治七年，霖雨發洪，廬宇經像隨水漂蕩，僧稍稍散去，頹耋者僦居民莊，而故院遂蓁莽，父老過之，舄感垂涕。衛將軍玉溪楊公暨子念堂君雅嚮三寶，時募僧重修，而頻苦虎患，居無何，卽引去。

隆慶五年，袾宏行脚南還，愛其岑寂，孤形隻鉢趺坐圮壁間；太學生陳如玉李繡等爲之搆靜室三楹，而宏晝與野鹿主賓，夜與鳴泉唱和，悠然若將終身。村之民怪其能久居也。環村四十里，歲傷於虎者不下二十人，而雞犬不與焉。宏乃發悲愍，諷經千卷，設瑜伽施食津濟之，自是虎不傷人。適歲亢旱，禱於山，偶時雨霔，村之民又大悅，而慶其得安居也。相與纍纍然肩村木而至曰：茲吾祖所植也，荷鋤钁，發其塵坌之礎磉而指之曰：茲雲棲寺之故物也，禪師福吾村，吾願鼎新寺之遺址，以永吾一境之香火。繇是不日而成蘭若，外無崇門，中無大殿，惟禪堂處僧，法堂以奉經律而已。

宏自惟迂疏陋劣，寸長無稱，抱病入山，分與草木同腐。頃值幻緣，與此廢墜，惡容坐食，不思所以上報佛恩，而下酬檀信乎？願生平尙眞實而賤浮誇，甘窮約而羞名利。因共一二同志相砥礪力行古道，盟而後進，犯而必退，大都主之以淨土，而冬專坐禪，餘兼講誦，日有程，月有稽，歲有表，凜凜乎使無賴者不得參乎其間，雖於法門無大裨益，庶幾救末學之弊以俟後之知識云爾。

宏，沈氏子，字佛慧，號蓮池，仁和人。是爲記。

先考妣遺行記 有序

不孝年二十七，先府君見背。既而男祖植殤。既而婦張氏卒，續娶湯氏。既而先妣周孺人亦見背，不孝乃出家，時年三十有二，今七十三，計之，則出家四十年有奇矣。弟二人俱亡，問諸姪以先府君事，曰：「不知。」問誌銘在乎？曰：「未見。」蓋先府君得子秋暮，不孝出家，二弟復早世故也。不孝自惟身雖出家，而二尊人懿德芳範，胡可不使子孫知之，因記如左：

記曰：先府君姓沈氏，諱德鑑，字用昭，別號明齋。世為仁和人，貫籍慶春門外之新塘。永樂間徙入城，宅於平安一圖忠清里。高祖某，妣徐氏，曾祖某，妣王氏；祖林，妣周氏。考智，以耆德授冠帶，是為松軒翁，妣金氏。松軒翁二子，長曰月巖公，次為先府君；女一，適郁友梅公。

不孝生晚，松軒翁不及面，惟見金孺人。然聞於先府君而知松軒翁殆無懷葛天之民焉，有盜者白日入室，脫衣將裹所得，松軒翁適出，盜棄衣而逃，松軒翁追呼還其衣，曰：『吾不忍子無得而反失也。』人笑以為癡，其淳龐類如此。

松軒翁卒，先府君與月巖公商京師，未幾家被回祿，時延燒鹽棻二橋，上下計千有餘家，沈氏屋宇資具悉煨燼無孑遺，惟基地僅存，先府君傾貲營構一新，重垣石門，堅固周密，蓋懲於火也。工畢，虛正樓以奉金儒人月巖公及三洲公兄弟姊妹，而自處於偏房。不孝兄弟三人始生。

先府君天性孝友，不惟事父母竭力而事兄如父，事嫂如母，視猶子厚於親子。與月巖公同居，白首無間言。朝暮典盡甘旨，三洲公得安心學業，成進士，舉家屬官北部。先府君米鹽酒脯等以時運入，惟謹，後不孝兄弟漸長，居隘不能容，乃出而買宅於菜市橋西，去祖居數百步。不孝時年十有七也。

先府君雖不仕，而博聞强記，善眞草書，旁涉陰陽醫卜諸稗官方技，靡不通曉。居常以諺語中格言訓不孝於兒童，如戒自足曰：『學到老不會到老。」崇寬大曰：『忍難忍事，恕不明人。』敎欽戢曰：『帶一官字者愼勿爲。』謂領官錢織官段作官保乃至入官府爲吏•書交給官人囑託公事之類是也。不孝信受奉行至於今日，知其所不足，力行慈忍不敢親近王臣，雖佛制，亦庭訓也。

其居家，自少至老，惟恭惟巽，曾不與人爭一言興一訟。家僮爲兇悍所毆，垂斃，或勸舁至彼，責以保辜，拒不允，曰：『一動不如一靜，即死亦命也。』

伯母王氏，嫂焦氏，咸孀居。王無子，焦有子，窘甚，皆迎歸，生養死葬如禮。三洲公有弟和叔，與不孝情義篤至。月巖公隨任，和叔孤然舊宅中，得瘵疾，先府君日夕奔馳，百計治療，竟不起，哀悼無已焉。

平生敎不孝習學甚殷，而進取成敗一任其自致，不行賄，不寄託貴族，不投禮有司之門牆。不孝猶憶年十六時，發憤讀書於黃泥坂之田舍，先府君覺其勤苦，以書來云：『功名富貴亦有天命，不可太執。』不孝捧讀流涕，報書曰：『兒負重行遠，誠萬不及人，至於殫精文事，殊不困，幸大人無慮。』嗚呼！言猶在吾耳也。

三洲公既貴，白先府君，欲援恩例授官如松軒翁，則堅辭曰：『吾齒德不逾鄉人也。』故布衣終其身焉。

先妣周孺人與先府君生同年同月，先府君爲七月十四，先妣十七。其卒也，先府君享年七十一，爲嘉靖辛酉；先妣七十五，相隔凡四載，而同爲六月二十一日，亦奇矣。

先妣姓柔婉質實佐先府君隨順不二。事倪恭人如事姑，倪性剛直，或不懌發之言面，先妣怡然承之。以是妯娌成至愛，及沒齒如同胞。倪恭人有幼男女不能兼育，三洲公育於先妣枕席。三洲公弱冠而不孝方幼，梳櫛等皆倪恭人撫之，蓋交相育云。所奉孀伯妣王氏，晝不飲惟入寢擁衾坐牀上，先妣進酒一巨觴，飲竟乃陶然而臥，率以爲常。或家冗稍遲遲，則微聲呼二娘子，先妣疾趨進觴，乃喜動顏色曰：『吾何能報二娘子也。』如是三十六年如一夕，他可知矣。

平生衣敝食殘，好衣歲久敗於篋中，好食奉翁姑下及諸子，已未嘗噉也。婢僕或爲煎煑浣濯，左右服役，稱謝不絕口。不孝侍慈幃，自知人事以至屬纊逮二十年，曾不聞叱詈下人之聲。

年七十二得疾，不孝勸念佛，初誘不能。後入佛室，大喜贊歎，由是高聲念佛不輟。疾久昏昏如迷，然無諸痛苦，日起坐食飲不廢。忽晨餐，放匕箸，垂臂不語，忽扶掖歸榻，藥入口不受，吉祥而逝。乃啓先府君壙，合葬仙芝嶺松軒翁之傍。

先府君初多男不育，僅存不孝兄弟三人，長不孝，仲曰淞，季曰瀾，二俱庶母孫出。女二，長適許孟禎，周出，次適孫文學培，孫出。不孝娶張，繼湯。淞娶耿，繼張。瀾娶楊，繼鍾。不孝子一，卽祖植，張出。淞孝友天植，子亦殤，無後。瀾舉己卯鄉薦，未官而卒，子五：曰祖模，曰世楷，曰文彬，曰良棟，曰良樞；孫男四：曰大綬，大綺，彬出，曰貴，棟出，曰煥文，樞出。不孝婦湯氏，十九守志，今六十，亦落髮爲尼僧，無出。蓋曾孫男現前四人而已。易曰：『積善餘慶，

』理或繩繩未量也

不孝出家久，衰耄寢疾，伏枕命筆於侍人，往事多忘，此其大略云爾。

時萬歷三十五年歲次丁未孟冬十五日。祩宏曰：予生晚，曾祖而上無考矣，祖父則稔知之。使子孫世守焉，貧可也，賤可也，貴無忝於善人後也。使鄉之人願相若焉。無保伍可也，無官府律令可也，以比屋皆善人也。予稟戒不妄語，又平生恥諛墓者，況敢誣其尊人乎？諸所紀述，眞實不虛，後人其勉之！

開示（選七篇）

普勸念佛

夫學佛者，無論莊嚴形迹，止貴眞實修行。在家居士，不必定要緇衣道巾。帶髮之人，自可常服念佛，不必定要敲魚擊鼓。好靜之人，自可寂默念佛，不必定要成羣做會。怕事的人，自可閉門念佛，不必定要入寺聽經。識字之人，自可依教念佛。千里燒香，不如安坐家堂念佛。供奉邪師，不如孝順父母念佛。廣交魔友，不如獨身清淨念佛。寄庫來生，不如現在作福念佛。許願保禳，不如悔過自新念佛。習學外道文書，不如一字不識念佛。無知妄談禪理，不如老實持戒念佛。希求妖鬼靈通，不如正信因果念佛。以要言之，端心滅惡，如是念佛，號曰善人。攝心除散，如是念佛，號曰賢人。悟心斷惑，如是念佛，號曰聖人。

又

一勸極閒人念佛，婚嫁都畢。子孫克家安閒無事，正好儘心儘力念佛，每日念幾千聲乃至幾萬。

一勸半忙人念佛，半了不了，或忙或閒，雖不極閒，亦可忙時治事，閒時念佛，每日念幾百聲乃至幾千。

一勸極忙人念佛，勤勞王事，奔波家業，雖無閒時，也須忙裏偷閒念佛，每日晨朝十念，乃至日間或念幾百。

普勸念佛往生淨土

彌陀經言：『若人念佛，臨命終時，必生彼國；』又觀經言：『念佛之人，生彼國者，蓮分九品。』蓋此念佛法門，不論男女僧俗，不論貴賤賢愚，但一心不亂，隨其功行大小，九品往生，故知世間無有一人不堪念佛！若人富貴，受用現成，正好念佛。若人貧窮，家小累少，正好念佛。若人有子，宗祀得託，正好念佛。若人無子，孤身自由，正好念佛。若人子孝，安受供養，正好念佛。若人子逆，免生恩愛，正好念佛。若人無病，趁身康健，正好念佛。若人有病，切近無常，正好念佛。若人年老，光景無多，正好念佛。若人年少，精神清利，正好念佛。若人處閒，心無事擾，正好念佛。若人處忙，忙裏偸閒，正好念佛。若人出家，逍遙物外，正好念佛。若人在家，知是火宅，正好念佛。若人聰明，通曉淨土，正好念佛。若人愚魯，別無所能，正好念佛。若人持律，律是佛制，正好念佛。若人看經，經是佛說，正好念佛。若人參禪，禪是佛心，正好念佛。若人悟道，悟須佛證，正好念佛。普勸諸人：火急念佛，九品往生，華開見佛，見佛聞法，究竟成佛，始知自心，本來是佛！

普勸戒殺放生

人人愛命，物物貪生，何得殺彼形軀，充己口食？或利刃剖腹，或尖刀刺心，或剝皮刮鱗，或斷喉劈殼，或滾湯活煮鼈鱔，或鹽酒生醃蟹蝦，可憐大痛無伸，極苦難忍？造此彌天惡業，結成萬世深讎。一日無常，卽墮地獄，鑊湯爐炭，劍樹刀山，受罪畢時，仍作畜類。寃寃對報，命命塡還。還畢爲人，多病壽夭，或死蛇虎，或死刀兵，或死官刑，或死毒藥，皆殺生所感也！我今泣血稽顙，哀告世人：不敢逼你喫齋，且先勸你戒殺！戒殺之家，善神守護，災橫消除，壽算緜長，子孫賢孝，吉祥種種，難可具陳。若更能隨力放生，加持念佛，不但增崇福德，必當隨願往生，永脫輪迴，入不退地！諸仁者！有緣遇此，便請囘心，決志受持，莫生疑悔！如不能行，卽以轉施他人，亦復功德

無量

示沈少宗伯薦夭求子

（一）薦夭

凡人生子夭亡，哭之則踰喪考妣，思之則痛絕肝腸，乃多為誦經禮懺以資冥路，善矣！然誦經要體佛心，禮懺要明己過。佛心者，大慈悲是；己過者，造殺業是。不行慈悲，不斷殺業，經懺雖多，功德亦少。略開二事於左，願力行之！

一、佛制五戒，首重殺生。又云『前世多殺生，今報夭折苦。』為父母者，當取亡兒平日所有衣服莊飾玩好之物，變賣作銀，買放生命，以贖其殺業；庶俾今魂不墮三途，來生得獲長壽！

二、凡人生子，三朝，滿月，百日，週歲，往往取諸衆生宰殺烹炮，陳設宴會；此雖殺繇父母，與兒無干，而事起有因，罪亦難免！念亡兒者，永斷殺業；庶俾今魂不墮三途，來生得獲長壽！

復有二事當戒：

一、小兒每每有擒捉蠅蚋螟蠓之類，或投之蟻聚，或擲之蛛網，孩幼無知，以資戲樂；父母喜而不禁，乃至傷害種微細蟲豸，難以盡言，皆夭命因，不可不戒！

二、孩子無知，或罵父母，或罵尊長；父母喜而不禁，雖屬戲掉，皆夭命因，不可不戒！

（二）求子

凡人求子，或許神福或作佛事。神福殺生，理甚乖謬，不必言矣。佛事則如前誦經禮懺，及造佛造殿上旛上袍齋僧布施等事，然佛大慈悲，只是要人爲善，若但作如上福德而不爲善，則雖多費錢帛，未必能滿所求！略開二事於後，願力行之！

一。慈受深禪師擬寒山詩云：『老翁死卻兒，晝夜搥胸哭，痛心徹骨髓，叫云我孤獨！何不返思量，恣啖豬羊肉，羊豈不思兒？豬亦有眷屬！』然則殺他子求己子，於理順乎？於心安乎？永斷殺業，必生好子！

二、馮商命該無子，以還妾一事，天送三元，故知無子不必他求，但自廣修陰德，積德深厚，必生好子！

復有二事當戒：

一、今人己所生子，撫摩愛惜，如護眼珠；義男女等，視同土芥，恣意鞭撻。己所生子，膏粱肥甘，百味充足；義男女等，飲啖麤惡，或至忍饑。己所生子，綾羅錦繡，備極莊嚴；義男女等，破衲遮身，不免寒凍。彼亦父母所生子也！奈何偏心不公一至是乎？天地不容，鬼神怒目，理應無子；縱其得子，子必多凶，不可不戒！

二、有於老年或取少女以爲姬妾，我既管他不了，他須怨我，特深怨氣所積，損德消福，理應無子；縱其得子，子必不賢，不可不戒！

示定菴上人

僧人棄應院而歸禪門，譬之儒人棄舉業而談道學也，二俱美事。然歸而不修，談而不行，竟有何益？今見棄應院者，一脚出門，大都投入講席；

不知講以明教，講明之後，正貴依教修行。而才入講席，便學說幾箇旨意，抄幾道標帖，寫幾行字，題幾句詩，描幾筆畫，粧點幾件文具；他時後日講得經，上得座，便是證果了也，不復知此外更有事在？所謂棄了天羅，又入地網，豈不大可惜哉？且最初棄應院時，皆有一片好心；卽此是成佛根本；今但不背初心，莫只以耳聞口說爲足；而務實踐，參訪明師；親近善友，念念以出世爲懷，自始至終，勿爲名利羈絆，然後離爾師，捨爾習，乃不虛負！不然，到頭亦只是箇大應院家風耳，念之！

示似空廣伸 五條

末世無大法師匹休古人者，良繇好應期講經者多，好篤志看經者少，故皆世諦法師而已！今當愈加勉勵，惟以精研教理弘法啓迷爲一大事！有數語數事聞後：

一、飲食衣服房屋等，若必求周備，則佛法便不周備，今所買聽可將就住，餘屋緩緩爲之。古人住居多逐間接起，欲一時齊整，便十分喫力，有妨道業！

一、住此富貴寺中，不可與衆房一樣行事，凡事須尙簡約淸淡，方有道氣！

一、衆房雜居，須謙讓溫和，不可以法師自處而生我慢！

一、諸相宗文字，如因明觀所緣緣等，近各有解，可虛心參古酌今，訂正一番！

一、處寺中衆人矚目之地，須十分謹愼，循規蹈矩，小心細行，庶免物議，念之念之！

正訛集（選十四則）

千佛衣

近世袈裟上徧繡諸佛，云「千佛衣，」此訛也！佛像止宜頂戴在首負荷在肩而已！懸掛胸膈，已步褻慢，況羅綴一身，自腰膝而下皆佛也！其過可勝言哉？輪王福傾，諒非虛語，而成風久襲，不自覺知，願高明俯察芻蕘，愼勿著此！或曰：然則千佛衣果無之乎？曰：有之，卽今二十五條衣者千佛相傳之衣也。佛告比丘：『我此僧伽黎，過去未來諸佛，皆著此衣而得解脫，』是其證也。

三衣

有以三衣：五條爲沙彌衣，七條爲比丘衣，二十五條爲菩薩衣，此訛也！凡沙彌時，卽當全具三衣，不可缺一。此在不通文義僧言之，固無足怪；而知教者，乃有止受七衣；其五條二十五條終其身不辦，佛法之衰相見矣！

出家父母反拜

世傳子出家，父母反拜其子，此訛也！愚僧不知，遂納父母之拜；或正座而父母趨傍，或中舲而父母操楫，遠違佛旨，近逆人倫，招世譏嫌，啓人傲慢，乃僧之過，非佛咎也！不知父母反拜者，子出家，是爲佛子，親不復子之，故子拜而親答拜。反也者，答也，還也，非反常之反也。

亡僧

世人見僧有臨終病苦者，便議其不得道，此訛也！病關往業，古聖之所不免；佛示頭痛，況其餘乎？病而不爲病累，是名得道。如云：『老僧自有安閒法，八苦交煎總不妨』是也。至於坐立吉祥，亦不足以是評品優劣；古謂『坐脫立亡則不無，先師意未夢見在，』豈虛語哉？修行人惟務打徹生死大事，毋滯外迹而生異見！

活焚

有魔人灌油疊薪，活焚其軀，觀者驚歎，以爲得道，此訛也！凡人念有著，則魔從生，一念慕活焚爲奇勝，慕之不已，魔入其心，而不自覺，端坐火中，似無所苦，不知魔力所加，暫得如是，氣絕魔去，慘毒痛苦，不可云喩；百劫千生，常在火中，號呼奔走，爲橫死鬼，良可悲悼！或曰：經稱藥王焚身如何？噫！青蠅何上擬金翅耶？藥王焚身，光明照耀，歷多劫而周十方；彼活焚者，光及幾許？圭峯之徒，燃臂慶法，清涼猶切戒不可，況燃身乎？溫陵謂「苦因還招苦果，」信夫！

三山不受三災

或謂五臺、峨嵋、普陀三山，劫壞不壞，遊者能免三災，此訛也！三災起時，大千俱壞，何有於三山？若必遊此免災，則瞽目跛足之徒，不能登歷者，縱修殊勝功德，終成墮落；而居近三山者，卽愚夫皆成解脫耶？當知無貪乃不受水災，無瞋乃不受火災，無癡乃不受風災，三山之到否何與？願念念開文殊智，行普賢行，廓觀音悲，則時時朝禮三山，親邇大士；不達此旨，而遠遊是務，就令登七金、渡香水，何益之有？

清齋

人有過時不食，名守清齋，此訛也。清齋者，清淨齋素，非不食為清也。勉强絕食，饑想在懷，徒增業苦。且易稱齋戒，解者尚云湛然純一之謂齋，況佛所說齋，而止在不食，不食齋亦小矣。然則過午如何？曰：斯正教也！一齋何如？曰：日中一食，亦教所有，終是過午為正！

金剛經纂

俗刻諸經，有金剛經纂，自讚功德，謂誦纂一徧，勝經萬徧，此訛也！金剛經所以有不思議功德者，謂其極談空理，一法靡存，般若威神，津梁萬類云爾。豈謂文中纂出佛若干，須菩提若干，何以故若干，如是等字數為功德耶？其流之弊遂有愚僧受人嚫施不誦全經，而以一纂當之，搆地獄無窮之苦，皆此說誤之也！編輯邪書，爲害如是！又世有大乘金剛論亦是僞造，乃至妙沙、分珠、血盆等種種邪僞，瑣不足辯。

高王觀世音經

又高王觀世音經，世傳高王誦之脫難，此訛也！其經鄙俚，不成文義，不知譯自何代？以理斷之，卽是法華普門品耳。高王仗此脫難，故以爲名，後人不知，別造僞語，稱高王經，因名迷義，俗所不覺！

觀音香山卷

卷中稱觀音是妙莊王女，出家成道而號觀音，此訛也！觀音過去古佛，三十二應，隨類度生，或現女身耳，不是纔以女身始修成道也。彼妙莊既不標何代國王？又不說何方國土？雖勸導女人不無小補，而世僧乃有信爲修行妙典者，是以發之！

預修

世人未死，先作七七，小祥，大祥，經懺道場，名曰預修，此訛也！言預修者，令人趁色身尚在，早自修持，莫待臨渴掘井，逼餒菑田也。且請他課誦，孰若自我修之之爲勝乎？然肯破慳囊而作佛事，良愈於不爲者，此理或通；高明之士，自不應爾！

寄庫

世人多燒紙錢錫鏹，投牒冥府，冀來生受用，謂之寄庫，此訛也！紙錫可致來生之富，則富室生生富饒，而貧人終無富日，善惡報應之說虛矣！

寄庫云者，蓋人情以財物貯之庫藏，垣牆棟宇，堅固牢密，自謂水火盜賊所不能壞，而常被水火盜賊所壞，縱逃此三，或壞王難，堅牢安在？若能捨施，作諸善事，則福德無盡，無能壞者。寄庫之說，寄此庫也！世人何以不省？

盂蘭盆

世人以七月十五施鬼神食，爲盂蘭盆大齋之會，此訛也！蘭盆緣起目連，謂七月十五，衆僧解夏自恣九旬參學；多得道者，此日修供，其福百倍；非施鬼神食也。施食緣起阿難，不限七月十五，所用之器，是摩竭國斛，亦非蘭盆。蓋一則上奉聖賢，一則下濟餓鬼，非敬異田，惡可等混？

梁武帝

史稱武帝好佛，餓死臺城，而佛不救，因以病佛，此訛也！武帝味道忘食，常持一齋，或遇政亢，則漱口以過。臨終不食，乃其平日素守。且御宇五旬，歷年八秩，功滿意足，安坐待盡，正視死如歸，非餓死也！——侯景見帝，流汗噤口，懾於神威之不暇，豈能致之死乎？後人辯者以餓死爲宿業，此論雖是；但未知餓死二字乃嫉佛者過爲之辭，欲藉以阻人之進耳！今此發明帝不餓死，足破千載之惑！

竹窗隨筆（選三十則）

出家一

先德有言：『出家者，大丈夫之事，非將相之所能爲也。』夫將以武功定禍亂，相以文學興太平，天下大事皆出將相之手，而曰出家非其所能，然則出家豈細故哉？今剃髮染衣，便謂出家，噫！是不過出兩片大門之家也，非出三界火宅之家也！出三界家而後名為大丈夫也，猶未也，與三界衆生同出三界而後名為大丈夫也。古尊宿歌云：『最勝兒，出家好，出家兩字人知少。』最勝兒者，大丈夫也。大丈夫不易得，何怪乎知出家兩字者少也！

出家二

人初出家，雖志有大小，莫不具一段好心；久之，又為因緣名利所染，遂復營宮室，飾衣服，置田產，畜徒衆，多積金帛，勤作家緣，與俗無異。經稱『一人出家，波旬怖懼；』今若此，波旬可以酣酒相慶矣。好心出家者快須著眼看破！曾見深山中苦行僧一出山來，被數十箇信心男女歸依供養，遂埋沒一生，況其大者乎？古謂『必須重離煩惱之家，再割塵勞之網；』是出家以後之出家也。出前之家易出，後之家難，予爲此曉夜惶悚！

行脚住山

今人見玄沙不越嶺，保福不度關，便端拱安居，眼空四海；及見雪峯三登投子，九上洞山，趙州八旬行脚，便奔南走北，浪蕩一生。斯二者皆非也！心地未明，正應千里萬里親附知識，何得守愚空坐，我慢自高？既爲生死，參師訪道，又何得觀山觀水，徒誇履歷之廣而已哉？正因行脚之士自不如是！

參方須具眼

爲僧於正法之世，惟恐其分別人；爲僧於末法之世，惟恐其不分別人也。何也？末世澆漓，薰蕕雜處，苟藻鑑不審，決擇失眞，以是爲非，認邪作正，宜親而反疏之，宜遠而反近之，陶染匪人，久而與之俱化，劫劫生生，常爲魔侶，參方可弗具眼乎哉？

僧宜節儉

張子韶自做秀才時至狀元及第，位登樞要，而麤衣非食，無玩好器物，其筆亦用殘禿者；胡克仁居官茹蔬，終身眠一紙帳。彼乃現宰官身，行比丘行，況身是比丘者乎？佛制「頭陀比丘行乞爲食，糞掃爲衣，塚間樹下爲宿」。今處於衆中，檀越送供，衣足矣，食足矣，安居於蘭若矣，更求佳麗可乎？一鉢四綴，一緉鞋三十年，古德之高風未墜也，吾爲是慚愧自責，而併以告夫同侶！

建立叢林

叢林爲衆，固是美事，然須己事已辦而後爲之。不然，或煩勞神志，或耽著世緣，致令未有所得者望洋而終，已有所得者中道而廢。予興復雲棲，事事皆出勢所自迫而後動作，曾不强爲，而亦所損於己不少，況盡心力而求之乎？書此自警，幷以告夫來者！

僧堂

古尊宿開堂安衆，或三百五百，乃至黃梅七百，雪峯盈千，徑山千七百；予初慕之，自悲生晚，不得入彼龍象之聚。今老矣，始知正像末法，信非虛語！廣羣稠會之中，覔一二眞實辦道人尚不可得，故金企羅尊者三人爲朋乞食，慈明圓禪師六人結伴以參汾陽，而三人證羅漢，六人成大器，如其取數多，而證者希，成者寡，雖多奚爲？予作僧堂，僅容四十八單，較古人什不及一，茲猶覺其多，仍狹而小之，非無普心，在末法中理應如是。

放參飯

越地安禪，夜作齋，其名曰放參飯，競爲侈靡，勝於午齋，相沿成習久矣。昔有尊宿，聞鄰房僧午後作食，不覺泣下，悲佛法之陵夷也！故僧禁過午食，況夜食耶？律言「人間盌鉢作聲，餓鬼咽中起火；」乃於漏深人靜，而砧几盤盂，音響徹其耳根，又煎煑烹炮，馨香發其鼻識，忘慈悲之訓，恣口腹之欲，於心安乎？或曰中夜飢，如之何？則代以菓核餅餌之類，不煩鍋銚者可也。況持過午者，午後至明，不食纖物，我等晚有藥石，何不知足之甚？

立禪

立禪出自般舟三昧，蓋精進之極，恐坐則易昏，非以立爲道也。而不達此意者，遂有用鐵帶束腰以助僵直，亦可笑矣！近更有砌甎作垣，緊圍其身，植立於中，如劍在匣，而復假此以爲募化之資，愚人無識，敬而事之，於是漸有效其所爲者。奉勸高明，遇如是人，卽應開導，勸之出垣，毋令末法現此魔異，以增僧門之醜！

誦經雜話

總戎戚公素持金剛經，其守越之三江也，有亡卒致夢云：「明當遣妻詣公乞爲誦經一卷，以資冥道。」翌日，果有婦人悲泣求見，詰之，如夢中語，公諾之。晨起誦經，夜夢卒云：「荷公大恩，然僅得半卷，以於中雜不用二字。』公思其故，乃內人使侍婢送茶餅，公遙見，揮手卻之，口雖不言心謂不用。次早，閉戶誦經。是夜夢卒謝云：『已獲超拔。』此予親聞於三江僧東林，東林誠篤有道行，不妄語者。噫！誦經僧可不愼歟！

見僧過

世有言：『人不宜見僧過，見僧過得罪。』然孔子聖人也，幸人知過；季路賢者也，喜過得聞。何僧之畏人知而不欲聞也？蓋不見僧過，爲白衣言耳，非爲僧言也。僧賴有此，罔行而無忌；則此語者，白衣之良劑，而僧之砒酖矣，悲夫！

己事辦方可爲人

古人大徹大悟，參學事畢，且於水邊林下，長養聖胎，不惜口頭生醭，龍天推出，方乃爲人；故辭法席者，願生生居學地而自鍛鍊。予出家時，篤奉此語，佩之胷襟。後以病入山，久久不覺漸成叢林。然至今不敢目所居爲方丈，不敢開大口妄論宗乘，蓋與衆同修，非領衆行道也。忝一日之長，互相激勸而已。諸仁者以友道待我而責善焉，幸甚！

時不可蹉

凡人初出家，心必猛利，當趁此時一氣做工夫，使有成立。若悠悠揚揚，蹉過此時，日後或住院，或受徒，或信施繁廣，多爲所累，淪沒初志，修行人不可不知！

惜寸陰

古謂「大禹聖人，乃惜寸陰，至於衆人，當惜分陰。」而佛言：「人命在於呼吸，』夫分陰之中，有多呼吸？則我輩何止當惜分陰。一剎那一彈指之陰皆不可不惜也，昔伊庵權禪師至晚必流涕曰：『今日又只恁麼空過，未知來日工夫何如？』其勵精若此！予見晨朝日出，則憶伊庵此語曰：今又換一日矣，昨日已成空過，未知今日工夫何如？然予但歎息未嘗流涕，以是知爲道之心不及古人遠甚，可不愧乎！可不勉乎！

經教

有自負參禪者，輒云達磨不立文字見性則休。有自負念佛者輒云止貴直下有人，何必經典？此二輩人，有眞得而作是語者，且不必論。亦有實無所得而漫言之者，大都不通教理，而護惜其短者也。予一生崇尙念佛，然勤勤懇懇勸人看教。何以故？念佛之說，何自來乎？非金口所宣，明載簡册，今日衆生何繇而知十萬億刹之外有阿彌陀也？其參禪者，藉口教外別傳，不知離教而參，是邪因也；離教而悟，是邪解也。饒汝參而得悟，必須以教印證，不與教合，悉邪也。是故學儒者，必以六經四子爲權衡；學佛者，必以三藏十二部爲模楷！

語錄

古人道明德立，足爲人天師表，然後有語錄垂世，大率有二：或門人所記，如六祖壇經之類是也；或手自作之，如中峯廣錄之類是也。我實凡夫，自救不了，爲吾徒者，愼勿筆吾一時偶爾之談，刋爲語錄，不唯妄自尊大；又偶爾之談，或有爲而發，或因人而施，未是究竟了義；而況聽者草草入耳，便形諸紙墨，亦恐有悞人之過也！

教外別傳

或謂教外果有別傳乎？則一代時教閑文也。教外果無別傳乎？則祖師西來虛行也。曰：教外實有別傳，而亦實無別傳也。圓覺不云乎：「修多羅如標月指」，指非月也，謂指外別有月可也，而月正在所指中，謂指外別無月亦可也。執指為月，謂更無月者，愚也；違其所指，而別求所謂月者，狂也。神而明之，存乎其人而已！

宗門問答

古尊宿作家相見，其問答機緣，或無義無味，或可驚可疑，或如罵如謔，而皆自真參實悟中來，莫不水乳投函蓋合，無一字一句浪施也。後人無知效顰，則口業不小！譬之二同邑人，千里久別，忽然邂逅，相對作鄉語隱語諺語，傍人聽之，亦復無義無味，可驚可疑，如罵如譃，而實字字句句皆衷曲之談，肝膈之要也，傍人固不知是何等語而二人者，則默契如水乳如函蓋矣。今不如緘口結舌，但向本參上著力，祇愁不悟，不愁悟後無語！

廣覽

看經須是周偏廣博，方得融貫，不致偏執。蓋經有此處建立，彼處掃蕩，此處掃蕩，彼處建立，隨時逐機，無定法故。假使只看楞嚴，見勢至不入圓通，而不廣覽稱讚淨土諸經，便謂念佛法門不足尚矣。只看達磨對梁帝語，見功德不在作福，而不廣覽六度萬行諸經，便謂有爲福德皆可廢矣。反而觀之，執淨土非禪宗，執有爲非無爲，亦復如是。喻如讀醫書不廣者，但見治寒用桂附而斥芩連，治虛用參耆而斥枳朴，不知芩連枳朴亦有時當用，而桂附參耆亦有時當斥也。是故執醫之一方者誤色身，執經之一義者誤慧命。予嘗謂六祖壇經不可使無智人觀之，正慮其執此而廢彼也！

世智當悟

智有二：有世間智，有出世間智。世智又二：一者博學宏辭，長技遠略，但以多知多解而勝乎人者是也。二者明善惡，別邪正，行其所當行而止其所當止者是也。僅得其初，是謂狂智，當墮三塗；兼得其後，是謂正智，報在人天。何以故：德勝才謂之君子，才勝德謂之小人也。出世間智亦二：一者善能分別如來正法四諦六度等，依而奉行者是也。二者破無明惑，如實了了，見自本心者是也。僅得其初是出世間智也，名爲漸入；兼得其後，是出世間上上智也，乃名頓超。何以故？但得本，不愁末得末者未必得本也。今有乍得世智初分，便謂大徹大悟者，何謬昧之甚？

智慧

增一阿含經，佛言：「戒律成就，是世俗常數；三昧成就，亦世俗常數；神足飛行成就，亦世俗常數：唯智慧成就，爲第一義！」則知戒定等三學，布施等六波羅密，唯智慧最重，不可輕也！唯智慧最先，不可後也！唯智慧貫徹一切法門，不可等也！經云：「因戒生定，因定發慧，」蓋語其生發之次第則然，而要當知所重知所先知所貫徹始得。雖然，此智慧者，又非聰明辯才之謂也，如前世智當悟中說。

佛經不可不讀

予少時見前賢闢佛，主先入之言，作矮人之覩，罔覺也。偶於戒壇經肆，請數卷經讀之，始大驚曰：『不讀如是書，幾虛度一生矣！』今人乃有自少而壯而老而死不一過目者，可謂面寶山而不入者也。又一類，雖讀之，不過採其辭致以資談柄助筆勢，自少而壯而老而死不一究其理者，可謂入寶山而不取者也。又一類，雖討論，雖講演，亦不過訓字銷文，爭新競高，自少而壯而老而死不一眞修而實踐者，可謂取其寶把玩之，賞鑑之，懷之，袖之，而復棄之者也。雖然，一染識田，終成道種，是故佛經不可不讀！

好樂

人處世各有所好，亦各隨所好以度日而終老，但淸濁不同耳。至濁者好財，其次好色，其次好飲。稍淸，則或好古玩，或好琴棊，或好山水，或好吟詠。又進之，則好讀書，開卷有益；諸好之中，讀書爲勝矣。然此猶世間法。又進之，則好讀內典；又進之，則好淨其心；好至於淨其心，而世出世間之好最勝矣，漸入佳境，如食蔗喻！

靜之益一

日間有事，或處分不定，睡云四五更起坐，是非可否，忽自了然；日間錯處於此悉現。乃知爾來不得明見心性，皆緣忙亂覆卻本體耳！古人云：「靜見眞如性：」又云「性水澄淸，心珠自現，」豈虛語哉？

靜之益二

世間醲醢醑醴，藏之彌久而彌美者，皆緣封錮牢密不泄氣故。古人云：「二十年不開口說話，向後佛也奈何你不得，」旨哉言乎！

聞謗

經言：「人之謗我也，出初一字時，後字未生；出後一字時，初字已滅。是乃風氣鼓動，全無眞實。若因此發瞋，則鵲噪鴉鳴皆應發瞋矣。」其說甚妙！而或謂設彼作爲謗書，則一覽之下，字字具足，又永存不滅，將何法以破之？獨不思白者是紙，黑者是墨，何者是謗？況一字一字皆從篇韻湊合而成，然則置一部篇韻在案，是百千萬億謗書無時不現前也，何惑之甚也？雖然，此猶是對治法門，若知我空，誰受謗者？

棄捨所長

凡人資性所長，必著之不能捨，如長於詩文者，長於政事者，長於貨殖者，長於戰陣者，乃至長於書者畫者琴者棋者，皆弊精竭神殫智盡巧以從事；而多有鉤深窮玄，成一家之名，以垂世不朽。若能棄捨不用，轉此一回精神智巧抵在般若上，何患道業之無成乎？而茫茫古今千百人中未見一二矣！

醉生夢死

醉生夢死，恆言也，實至言也！世人大約貧賤富貴二種，貧賤者，固朝忙夕忙以營衣食；富貴者，亦朝忙夕忙以享欲樂；受用不同，其忙一也。忙至死而後已，而心未已也，齎此心以往，而復生，而復忙，而復死；死死生生，生死，昏昏蒙蒙，如醉如夢，經百千劫，曾無了期，朗然獨醒，大丈夫當如是矣！

祀神不用牲

杭俗歲暮祀神，大則刲羊蒸豚，次則用豬首雞魚之屬。予未出家時，持不殺戒，乃易以蔬果。家人雖三尺童子無不愕然，以爲必不可。予燃香秉燭，高聲白神云：「某甲奉戒不殺，殺生以祭，不惟某甲之過，亦非神之福。然此意某一人獨斷，其餘皆欲用牲，儻神不悅，凡有殃咎，宜加予身；若濫無辜，非所謂聰明正直者！」家人猶爲予危之，終歲合宅無恙，遂爲例。

戒殺

天地生物以供人食，如種種穀，種種果，種種蔬菜，種種水陸珍味，而人又以智巧餅之，餌之，鹽之，酢之，烹之，炮之，可謂千足萬足；何苦復將同有血氣，同有子母，同有知覺，覺痛覺癢覺生覺死之物，而殺食之，豈理也哉？尋常說只要心好，不在齋素，嗟乎！戮其身而啖其肉，天下之言凶心慘心毒心惡心孰甚焉？好心當在何處？予昔作戒殺放生文勸世，而頗有翻刻此文不下一二十本，善哉斯世，何幸猶有如是仁人君子在也？

▲編者附記：上文有從竹窗二筆及三筆選出者，統編入隨筆。

警衆 八條

我未出家時，於不仁不義無禮無智的事，即他人導之爲，而我自羞慚愧恥，纖毫必不肯爲。所以者何？良由吾前世親近好人，八識田中領納得好言語，所以今生自然見惡則恥，不肯去做。你們要著實親近好人，當早晚發願之時，當願世世生生親近善知識。

我出家後，到處參訪，時徧融師門庭大振，予至京師叩之，膝行再請，師曰：『你可守本分，不要去貪名逐利，不要去攀緣，只要因果分明，一心念佛。』予受敎出，同行者大笑，以爲這幾句話那個說不出；千里遠來，只道有甚高妙處，原來不值半文。予曰：這個正見他好處。我們渴仰企慕遠來到此，他却不說玄說妙，淩駕我們，只老老實實把自家體認過切近精實的工夫叮嚀開示，故此是他好處，我至今著實遵守，不曾放失。

十方僧衆賢聖出沒，我見之未嘗不敬：他未跪我先跪，他未拜我先拜。前有方上一僧人以其醜惡藍縷，莫不輕藐之，及見吾乃劇論楞嚴玄旨。你們決不可輕藐人，記取記取！

入道要門，信爲第一。惡事非信尙不成就，況善事乎？譬如世間盜賊，時乎敗露，官府非不以極刑繩之，迨後釋免，依舊不悔，所以者何？他卻信得這條門路，不爾一文本錢自獲利無算，所以備受苦痛決不退悔。今人念佛再不肯眞切加功，只是不曾深思諦信，不要說不信淨土，只如世尊說人命在呼吸間，這一句話於義理不是難解說，你們眼裏親見耳裏親聞，經過許多榜樣，如今要你信得這句話，早是不能勾也。你若眞實信得這句話，則念佛法門，不必要我費盡力氣千叮萬囑，爾自如水赴壑，萬牛不能挽矣。卽如前日津送亡僧時，你們覩此榜樣，當愀然不樂，痛相警策道：大衆！我與你但今日送某僧，明日送某僧，不知不覺輪到自身，此時悔恨無及，須疾忙念佛，時刻不要放過方好。我見你們自家也說可惜，對人也說可惜，及乎堂中估唱，依然言笑自如，你只不信人命在呼吸間也。

予見新學後生，纔把一句佛頓在心頭，閒思妄想，越覺騰沸，便謂念佛工夫不能攝心。不知汝無量劫來生死根由，如何能得卽斷？且萬念紛飛之際正是做工夫時節，旋收旋散，旋散旋收，久後工夫純熟，自然妄念不起。且汝之能覺妄念重者，虧這句佛耳。如不念佛之時，瀾翻潮涌刹那不停者，自己豈能覺乎？

念佛有默持，有高聲持，有金剛持。然高聲覺太費力，默念又易昏沈，只是緜緜密密，聲在於脣齒之間，乃謂金剛持。又不可執定，或覺費力，則不妨默持；或覺昏沈，則不妨高聲。如今念佛者只是手打魚子，隨口叫喊，所以不得利益，必須句句出口入耳，聲聲喚醒自心。譬如一人濃睡，一人喚云某人，則彼卽醒矣，所以念佛最能攝心。

今人不肯念佛只是輕視西方。不知生西方乃是大德大福大智大慧大聖大賢的勾當，轉娑婆成淨土不同小可因緣。汝但看此城中一日一夜死卻多少人，不要說生西方卽生天，千百人中尙無一箇，其有自負修行者，祇是不失人身而已。故我世尊大慈大悲示此法門，功過乾坤，恩逾父母，粉骨碎身不足爲報。

幼時尙不知念佛，見鄰家一老嫗每日課佛數千，問云：爲何如此？彼云：『先夫往時念佛，去得甚好，故我如此念。先夫去時，並無他病，只與人一請而別。』出家人奈何不念佛？

僧約十章

第一敎尙戒德約

破根本大戒者出院。誦戒無故不隨衆者出院。不孝父母者出院。欺陵師長者出院。故違朝廷公府禁令者出院。習近女人者出院。受戒經年不知戒相者出院。親近邪師者出院。

第二安貧樂道約

飲食不甘淡薄者出院。著豔麗衣服者出院。泛攬經事者出院。爭嚫錢者出院。田蠶牧養者出院。聚集男女做世法齋會者出院。

第三省緣務本約

無故數遊人間還族舍者出院。習學應赴詞章笙管等雜藝者出院。習學天文地理符水爐火等外事者出院。習學閉氣坐功五部六册等邪道者出院。好興無益工作者出院。

第四奉公守正約

非理募化者出院。侵尅信施者出院。擅用招提之物者出院。廢壞器用不賠償者出院。偏衆食者出院。不白衆動無主僧物者出院。臨財背衆苟得臨難背衆苟免者出院。

第五柔和忍辱約

破口相罵交拳相打者出院。威力欺壓人者出院。侮慢耆宿者出院。

第六威儀整肅約

戲笑無度者出院。褻瀆經像者出院。衣帽故不隨衆者出院。高聲爭論三諫不止者出院。

第七勤修行業約

無故屢不禮誦者出院。執事慢不行其事者出院。惡人警策昏沈者出院。試經久不通利者出院。不信淨土法門者出院。

第八直心處衆約

挑唆彼此鬬爭者出院。樹立朋黨者出院。機詐不實者出院。謗訕清規誣毀清衆者出院。情識私結不正之友者出院。

第九安分小心約

大膽生事者出院。謬說經論者出院。妄拈古德機緣者出院。無知著述誤人者出院。招納非人者出院。自立徒衆者出院。擅留童幼沙彌者出院。已自不明好爲人師者出院。哄誘他人弟子背其本師者出院。無大故擅入公門者出院。妄議時政得失是非者出院。輕心謗斥先聖先賢者出院。以常住產業與人者出院。侵占人產業者出院。另爲煙爨者出院。

第十隨順規制約

令之不行禁之不止者出院。有過罰而不服者出院。住寺名不入僧次者出院。梗法不容知事人行事者出院。知事人更變成規者出院。凡事不白師友恣意妄爲者出院。故與有過擯出人交往者出院。

十可歎

負罪自悞悞人老疾僧宏稽顙白言：惟宏年衰病久，力寡事繁，石火風燈，命存呼吸；向擬長壽菴養疾數月，爲悟齋、梵邦、常惺三友接還，不得如願。一可歎！

三友發心，少焉散去，不終期事；燭空繼之，亦復不終。今則六人代之，三班半月，亦非常便，小菴小廟當家各各圓滿一年，整齊交代，獨本山如此。二可歎！

一人妄作主宰，掘壞龍山風水，一年死十七人，衆若不聞不見。一人妄作主宰，打造後山石牆，隔斷來脈，徒壞錢糧，反致藏虎豹而招寇盜，衆若不聞不見。三可歎！

半月半月，雖宣讀僧約十條，修身十事，乃至廚庫等銘亦成虛應故事。四可歎！

受託念佛不致誠，受託拜經懺不致誠。五可歎！

佛制不應手接金銀，僧不能行，姑以行施折罪，乃止行於經懺，又不是行施，反似抽分。六可歎！

凡出家先審其原住何所？後逢期散，使有所歸，今泛納不審。七可歎！

合寺不論老少，皆要不違十戒律儀，今受菩薩戒而行事尚不及沙彌。八可歎！

屢屢分付，不相信從，不一而足，略開數事：分付管事人，宜和合無乖爭！分付宿園，毋勞逸不均！分付挑柴挑米等，俱要上座領衆記過！分付有病，要依式掛幕！分付十戒具戒大戒，各要行本戒事，不可有名無實！分付放生所，要依時警策！分付老堂，未滿八十者，晚課必查隨衆與否？分付直夜，每早須查勤惰如式，囘覆平安與否？分付不得貴價買假香燒，熏壞金像！分付濾水囊用訖，須如式蕩濯！分付年少學淺，不該講經，宜查！分付僧直所言當理者，皆當力行！分付春夏秋停止經懺道場，萬不得已，請外住於經板堂中行之！今卽於本山而本山僧反多於外住者。分付內樓緊緊封鎖，萬不得已暫開！今數數開。分付送化亡僧估唱僧物，各要起大悲憐，生大警悟！今則泛泛然而送化，嘻嘻然而估唱，習爲常事，全不動心。九可歎！

復次我今命若風燈，朝不保暮，無信我者，無憐我者，此間如何住得。十可歎！

三可惜

一者，深山窮谷，清淨幽閒，既無村中士女喧煩，亦無過往賓客遊賞。峯巒攢簇，冬避風寒；林樹陰森，夏消炎熱。蹉過此時而不修行，是爲一可惜！

二者，柴水方便，衣食現成，牀帳整齊，醫藥周足，沐浴次第，燈火熒煌。嗟過此時而不修行，是爲二可惜！

三者，宏雖隨行逐隊，一介凡僧，既不能見性明心，又不能積功累德，但其安分守己，謹愼操持。於此末法之中，亦可充佛祖普庇衆生廬舍中之一小椽，亦可助佛祖普渡衆生橋梁中之一拳石，亦可備佛祖普療衆生疾病藥籠中之一方寸匕。嗟乎！獻瓦缶於金谷，取笑傍觀；進麥飯於滹沱，寧無小補？蹉過此時而不修行，是爲三可惜！

雖然，凡有言說，人不聽從，皆由自己德薄福輕故也。但當責己，不敢尤人。倘天假之年，餘生未盡，尚當力疾以報佛恩，以酬大衆。萬歷四十三年六月二十八日示。

讀雲棲老人十可歎三可惜，滴滴心血也，一字一淚，可勝悲惜悼哉！世人癡不過母愛其子，雖死亦不瞑目，此老人誠是老婆心切於此。嗚呼！世人爲兒女癡，菩薩爲衆生癡，此視衆如一子地之肝腸也。其若子若孫親蒙其敎，至此尚勞老人如此顧復，再四叮嚀，卽鐵石亦當墮淚！若視爲尋常，是爲大負恩德也，絕無慚愧，滅絕良心者，非人也，豈稱佛弟子哉？能時時念誦此語，卽是老人法身常住！萬歷丁巳二月十六日憨山德淸和南識。

囑語

祩宏以老病日增，向有預立遺囑一紙，已而失之。其囑尚未盡欲言，置不論。茲別囑如左：

吾以三十有二出家，一鉢一衲，多載風塵。後住此山，自分孤子終身，草木同腐，不意重興廢刹，皆諸檀信道友湊椽累瓦，補敝築殘，逐間接起，以成叢林，雖乏壯觀，儘可棲息，然本意專爲與衆眞實進修而已。今老矣，四大尩羸，兩足痿痹，殘陽逝水，光景須臾，當隨所便安處，以終餘年。雖死未定，死所未定，死後依吾言不依吾言未定，叢林之或存或廢未定，然理所當然，今言之固無害。

爰念出家以來，虛消信施，生已多慚！豈以亡軀，更爲妄費？身謝入龕，內著浣過舊服，外搭常用七衣，上圓頂，下趺足，數珠掛手，坐具疊前。入已，卽用灰漆封固，雖親族至，不得更開！不得張羅孝堂！不得廣陳供養！不得披麻帶白！不得四出報訃！不得糾合施主眷屬多作俗格道場；但照常估唱，隨例念誦。衣鉢之類，盡以作福。留龕一七二七或至七七，無人火化，扶龕入塔。塔高五尺，不得過量，違背佛制！不得侈靡石工！及舉殯無益之事，如銘旌冥器綵亭音樂指路掛眞題主等，俱不應爲，止依常規，衆僧念佛導引卽得！

吾平素守愚抱拙，未曾有大徹大悟，未曾作大緣大福，未曾具三明六通，但老寔念佛，求生淨土。衆等不得裝虛揑怪，設爲神奇，以誑一時，欺後世，重吾不德！

復次，此雲棲與城內上方長壽二放生所，其始末根因，各有碑記，不俟多贅。第此中山地屋宇，經書什物，并吾室中所有若巨若細，咸出十方信施，衆僧勤力屬之常住，與吾私家，若他家毫忽無涉。從來並無綾羅齊整衣被，亦無安居精致房舍，亦無華美牀榻桌椅，亦無值錢古董玩好，亦無積畜金帛產業，亦無人借貸我一分一文，我亦不欠少人分文債負。凡此招提之物，龍天鑒臨，一土一石，一草一木，一針一紙，不得私與，不得私取，與者受者厥罪惟均，折壽招殃，死墮地獄，因果赫然，不可不慎！

吾見本境出家爲僧者，僧故而親族索取亡者資物習爲常套。索而不遂，甚至興詞。亦有本僧自以恩愛牽纏，私其親族，不顧徒衆者，吾深恥之！吾祖父相傳廉潔忠信，諒不有此，而事未可知，不得不預爲之說。又外住法眷，有歷年不至本山，事體多所未諳，日後忽起異言，衆勿遽信可也。

至於相繼住院者，必推行解可重之人，如無其人，則推戒次姑守，以俟後賢。力繇者二人共之。素履有疚者置之。已任事，而所爲多過者，會衆公議易之。十種僧約，始終確執；六和聖訓，彼此互修。安衆宜少不宜多；作事宜小不宜大！甘貧樂澹，毋恣貪求！忍辱行慈，毋好爭訟！痛念生死，決志往生，力究本參，期臻妙悟。不依吾言，非吾徒也！

萬歷三十六年重九日老僧袾宏力疾識，時年七十四歲。

本集自雲棲法彙中選出

國家圖書館出版品預行編目資料

蓮池大師開示語錄／僧懺法師輯錄. -- 1 版. -- 新北市：華夏出版有限公司, 2022.05

面； 公分. -- (Sunny 文庫；224)

ISBN 978-986-0799-95-8(平裝)

1.CST: 淨土宗 2.CST: 佛教說法

226.55 111001108

Sunny 文庫 224

蓮池大師開示語錄

輯 錄 僧懺法師

印 刷 百通科技股份有限公司

電話：02-86926066 傳真：02-86926016

出 版 華夏出版有限公司

220 新北市板橋區縣民大道 3 段 93 巷 30 弄 25 號 1 樓

電話：02-32343788 傳真：02-22234544

E-mail： pftwsdom@ms7.hinet.net

總 經 銷 貿騰發賣股份有限公司

新北市 235 中和區立德街 136 號 6 樓

電話：02-82275988 傳真：02-82275989

網址：www.namode.com

版 次 2022 年 5 月 1 版

特 價 新台幣 300 元 (缺頁或破損的書，請寄回更換)

ISBN： 978-986-0799-95-8

《蓮池大師開示語錄》由佛教出版社同意華夏出版有限公司出版